牛献礼 著

素养导向的
数学教学艺术

我在小学

教数学

华东师范大学出版社

ECNUP

全国百佳图书出版单位

把每堂课都当作献给学生的礼物

目 录

C O N T E N T S

第二章 | 素养导向，引发深度学习

第三章 ┃ 一题一课，放大教育价值

第四章 | 创意教学，让学习更有趣

数学阅读课

数学实验

创意作业

代 序

PREFACE

以课程视野重建课堂

毋庸讳言，在课程改革深入推进的当下，众多一线教师不乏强烈的教学意识，但课程意识却仍然较为淡薄。所谓课程意识，指的是对课程的敏感与自觉程度。教学意识关注的重点是实现教学目标，认为实现了教学目标的教学就是有效教学；而课程意识关注的重点是前提性问题——教学目标合理吗？如果教学目标本身不合理，即使实现了教学目标也不能称作有效教学，而可能是低效或无效教学，有时甚至是负效教学！教学意识往往关注直接的教学效果，特别是考试成绩；课程意识也关注考试成绩，但它有一根底线，就是考试成绩的获得不能以牺牲学生的身心健康和全面发展为代价。总之，教学意识更多关注教学的效率问题，而课程意识更多关注教学的价值问题。

承担"立德树人"重任的一线教师尽管处于整个课程逻辑链条的最末端，但仍须具备课程视野，回到课程的逻辑起点去反思几个基本性问题：一是"为什么学"，即数学教育对人的发展的独特贡献是什么？数学教育应当坚持怎样的价值取向？二是"学什么"，即什么样的课程内容更能体现数学的教育价值，更能满足学生的发展需求？三是"如何学"，即怎样的教学才能让学生的深度学习真正发生，如何让学生的核心素养得以形成和发展？笔者结合自身实践与思考尝试作出如下回答，以求教于方家。

一、为什么学？

数学代表着理性。自然界的基本规律可以用数学来刻画，因此，学习数学的过程就是一个学习如何看待这个世界，理解这个世界，更好地感悟这个世界的过程。正如史宁中教授所指出的："数学教育的终极目标是，一个人学习数学之后，即便这个人未来从事的工作和数学无关，也应当会用数学的眼光观察世界，会用数学的思维思考世界，会用数学的语言表达世界。"

数学讲究严格，一个数字错了，一个符号错了，一个小数点错了，这道题就错了。学生"获得良好的数学教育"，就自然会养成一种踏实认真、一丝不苟的精神。数学强调逻辑思维，强调"化繁为简""统筹优化"……这些在数学学习中学会的思想方法和思维方式，能使学生在社会上处理各种事情时，善于抓住主要问题和关键，有条不紊地处理与解决有关的工作任务。学数学还有一个好处：遇到做不出来的问题，一定要想法做出来为止，而且要求做得尽善尽美，这也就无形中培养了攻坚克难的精神，养成了精益求精的习惯。可见，数学对培养学生的核心素养无疑是有巨大贡献的。这就是数学课程的价值所在，也是为什么从小学一年级起人人都要学数学、都要获得良好数学教育的主要原因。

但是，反观当下的数学教育，一些仍然相当普遍的现象值得我们深思与追问：教师在课堂教学中只讲知识，不讲精神；只讲技巧，不讲思想……如此施教，学生学到数学的精髓了吗？能对数学有真正的领悟吗？比如，学生能够背诵出"两个数相除又叫作两个数的比"就理解"比"的意义了吗？能够说出（甚至背诵出）"像 $100+2x=250$，$3x=2.4$……这样，含有未知数的等式就是方程"就算认识了方程？能够"套用归纳出的关系式、分类解决几种类型的植树问题"就实现了"植树问题"的教学价值？……这是素养导向下的数学教学吗？

如果我们培养的学生只会快速、准确地解答数学题，而从未体验过真正的"生活化"与"数学化"的过程，不知数学题目中所包含的思想方法和人文精神，只会机械地套用老师教给的固定方法，而不能领悟数学的思维方式，丧失了学习的主动性和思维的灵性，只会大量、重复性地"刷题"以提高数学成绩，而不能体会到数学课程的魅力与价值，体验不到数学学习的乐趣，那么数学又怎能给他们以思维与生命的润泽？

数学的教育价值不能仅停留在数学知识与技能上，不能只是单纯地让学生记住一些概念，掌握一些解题的技巧，还要"发挥数学教育在培养人的理性思维与创新能力方面的不可替代的作用"。教师需要不断追问和落实学习内容的教育价值，思考每节课、每个教学活动的教育价值，为理解而教，为促进思维发展而教，为核心素养的形成和发展而教。在课堂教学中，要让学生体会数学概念产生的必要性，引导他们去重历或者模拟数学知识的发生、发展过程，使学生逐渐学会思维，不断提升思维品质，在知识积累的同时亲身体验到探索、创新的快乐，并从前人研究问题的背景以及相应的方法中得到启发，感受到数学丰富而巧妙的方法、简洁而深邃的思想以及数学家严谨而科学的精神，领略到数学文明发展进程中豁然开朗的顿悟以及数学本身的文化内涵。

比如，笔者依托教材内容开发了"一题一课"课程，通过对一道题或一个材料的深入研究，挖掘其内在的学习资源与线索，进行适度的拓展延伸，并科学、有序地组织学生进行相关的数学探究活动，从而将这一道题（或一个材料）拓展成一节课，"小题大做"，让其承载更多的教育价值。举例来说，笔者将北师大版小学数学教材四年级上册"角的度量"单元中的一道习题（利用一副三角尺你能画出哪些不同度数的角），开发成了一节"探秘三角板"的数学活动课。全课以"利用一副三角尺你能画出哪些不同度数的角"这一启发性问题为引领，引导学生自主探究画角、合作交流汇总，教师在关键处点拨——"把这些角从小到大排成一行，你有什么发现"，引导学生发现角度之间的规律——每个角度都是 15 的倍数、相邻两个角的度数总是相差 15°，但有一个例外——150° 和 180° 之间却相差 30°。教师进一步引导——"看到这样的结果，你有什么想说的吗"，启发学生提出"可能我们漏掉了一个 165° 的角"的猜想。接着，验证猜想之后再引导学生回顾 165° 角的发现过程，归纳出"推理—猜想—验证"的思维方法，让学生增长了智慧。然后，又把学生的视野从数学课堂引向广袤的课外世界，"海王星的发现"和"数学史上的著名猜想"的介绍让学生看到上述数学思维方式在人类文明史上的应用价值，感受到数学思考的力量，让学生长了见识！

二、学什么?

当下，课程创新方兴未艾，数学绘本、数学魔术、数学步道、数学实验、数学游戏等各种课程内容形态不断涌现。笔者认为，上述"跨界"的创新内容只是数学课程的有益补充，更一般且有效的创新课程应当源自教材内的基础内容。数学的魅力在于"冰冷的外表"下蕴藏着"火热的思考"，体现在它的神奇和美妙上，人们从中能够得到智与美的满足。同时，核心素养的培育须依靠学生经由日常的课程教学长期习得，逐渐积淀，日积月累而成，因此，数学基础内容的课堂教学应当是核心素养培育的主渠道，深入挖掘基础内容的教育价值，"点亮"常态课堂更具现实意义。毕竟，日常的教学时间是有限的，把"时髦"的"跨界"内容过多地引入课堂，必然会把原来一些应该好好学习的偏基础的数学内容给淡化甚至给挤掉了，必然会影响学生对数学内容的理解、掌握和热爱，这是不合算的。

教材是教师教学最重要的文本和依据，教师对教材的解读直接影响自己的教学行为，进一步影响学生的学习，并最终决定了学生在课堂上"实际体验到的课程"（古德莱德语）。因此，研究"学什么"首要的就是研读教材，弄清楚学科知识本身的结构体系，把握数学本质、融入数学思想、突出数学思考，让数学课堂焕发出应有的魅力，让学生感受数学的神奇和美妙，让学生体验数学思考的乐趣。比如，设计"冰雹猜想"的自主阅读单，让学生在富有启发性的问题驱动下进行整数加法练习；提出"你能用'可能性'的知识来评价一下'守株待兔'里的人和事儿吗"的问题，让学生体会数学知识在生活中的应用；设计"1 亿张纸有多厚"的活动，让学生以小推大、以局部推算整体，直观感受"1 亿有多大"；设置"用一副三角板能画出哪些不同度数的角"的探究性任务，组织学生寻找角度中的规律，并以此作出有价值的推测；让学生调查 2016 年和 2017 年北京空气质量数据，再用统计表和统计图整理数据，并对数据进行对比分析，以现实性任务驱动学生进行实践性学习……凡此种种，课程内容还是以前的内容，只是载体换了模样，不同的载体所彰显出的数学课程魅力也大相径庭。

另外，对于当前大热的"课程整合"也须冷静看待，择善而从。课程整合绝非一件易事，不能只是形式上的简单组合，更不能随意"去学科化"或"泛学科化"。一方面，各门课程都有其独特的育人功能，任何课程整合都要以各学科内在教育价值的开发为前提；各门课程内容都有其自身的发生、发展逻辑，课程整合需要立足课程目标，基于学科特点，向学生展现学科本身的魅力，将核心素养的培养这一总体性教育目标很好地落实于学科课程之中。另一方面，也不能画地为牢，搞"学科主义"，以"学科价值"遮蔽"育人价值"，而应当以整体性教育目标为指导积极地进行学科融合。"着力点是打破那些已经固定的不同学科之间界线分明的边界，穿越那些近乎僵化的学科与知识界限，使课程内容更加丰富多彩。"（谢维和语）为此，教师要结合实际，因地制宜，创造更能满足学生发展需求的多元的课程内容、多样化的课堂形态和教学方式，真正实现"为素养而教，用学科育人"。

当我们视野打开，会发现有很多的路径，但我们始终要提醒自己：不能因为走得太远，而忘记为什么而出发。

三、怎么学？

研究与实践均表明，学生核心素养的形成和发展，在本质上，不是靠教师"教"出来的，而是靠学生"悟"出来的，"是学生通过自己的独立思考，以及和他人的讨论与反思，日积月累，逐渐养成的一种思维习惯"（史宁中语）。不能单纯依赖记忆与模仿，而是需要依赖学生深度参与其中，在解决一系列问题的过程中形成理解与感悟。

为此，我们的数学课程与教学探索，应当遵循如下价值逻辑：

1. 转变课堂结构，以学定教，先学后教

所谓"以学定教"，就是依据学情确定教学的起点、方法和策略。这里的学情包括学生的知识、能力基础，学生的身心特征和内在需要等学习主体的基本情况。而"定教"，就是确定教学的起点不能过低或过高，在恰当的起点上选择最优的教学方法，围绕着学生的学习展开教学。

所谓"先学后教",就是充分信任学生,鼓励学生大胆尝试、自主探索,让自学、质疑、争辩、补充、修正等充盈其间,教师在关键处点拨、引导,在指导学法、深化思维、提升学习力上下功夫。

例如,教学"长方形的面积",教师给学生提供长 4cm、宽 2cm,长 5cm、宽 3cm,长 8cm、宽 6cm,长 30cm、宽 20cm 的四个长方形,引导学生借助手中的 8 个边长 1cm 的小正方形去探索长方形的面积公式。教师循序渐进地引导学生经历了如下的探究过程:第一个长方形,直接摆就可以得到面积,体会面积的本质是若干个面积单位之和。面积单位是小正方形,长方形的大小就是看它包含多少个小正方形。第二个长方形,如果摆满的话,手中的小正方形不够,这是一次思维的跳跃,学生需要想到只沿着长方形的长和宽摆,这就实现了从形象到抽象的提升,部分学生可能还会依赖具体的操作,但一些学生可能会利用表象进行思考了。最后呈现的两个长方形,用小正方形摆太麻烦了,促使学生在抽象层面进行思考,长是多少就是一行摆多少个,宽是多少就是摆这样的几行,从而经历推理的过程,"创造"出长方形面积的计算公式。上述"具体操作—表象操作—抽象概括"的数学化的探究过程,引导学生逐步深刻地理解了长方形面积公式的本质意义,发展了学生的数学思维,增强了空间观念。

"以学定教,先学后教"的关键在于能够把握知识本质并准确为学生的学情"把脉",正本清源,删繁就简,实施真正促进学生素养发展的针对性教学。

2.重建教学关系,学为中心,相机诱导

有效的教学活动是学生学与教师教的统一。一方面,上课是以实现每一个学生的"学习"为目的的,核心素养培养的过程也侧重学生的自主探究和自我体验,更多地依靠学生自身在实践中的摸索、积累和体悟。因此,教师要从"以教师讲授为主"转向"以学生学习活动为主"来组织教学,为学生提供充分的"悟"的时间与空间。另一方面,学生高质量的学习也离不开教师的组织、引导与点拨,尤其是数学教学有其特殊性——学生在数学上的发展主要依赖于后天的学习,并表现为教师指导下的不断"优化",有些东西光靠学生"自悟",达不到应有的高度。教师只有通过

与学生的互动对话、点拨引导，才能真正促进学生思维（包括方法等）的优化。

教学中，应注重创设合适的教学情境，提出合适的问题，启发学生独立思考或与他人进行有价值的讨论，整堂课的核心问题要少而精，提的问题不能太小，教学环节不能太细。教师不能代替学生探究，代替学生分析，要提供充分的时间让学生去独立探究与分析。教师少说话，学生多活动，让学生经历知识创建过程中的思考与发现，体验知识形成过程中的曲折与智慧，在探索与体验中形成对知识的理解与感悟，进而形成和发展数学核心素养。

比如，学习"复式统计表"。课始，笔者创设了"统计全班同学的家里分别有几个小孩"的教学情境。现场调查，整理成如下两个统计表：

数量	一孩	二孩	三孩
男生	12	5	1

数量	一孩	二孩	三孩
女生	8	3	1

师：如果想了解全班同学家里分别有几个小孩，又该怎样整理数据呢？

生：可以把男生和女生的数据放在一起。

生：可以把两张表合并成一张表。

师：怎么合并呢？请你在练习本上试着制作这张统计表。

学生独立思考，尝试列出统计表，然后全班交流。

出示一学生的作品：

数量	一孩	二孩	三孩	合计
男生	12	5	1	18
女生	8	3	1	12

师：在这张统计表中，"合计"算出的是什么？

生："合计"算出的是全班男生和女生的人数。

出示另一学生的作品：

数量	一孩	二孩	三孩
男生	12	5	1
女生	8	3	1
合计	20	8	2

师：这张统计表中也有"合计"，"合计"算出的又是什么呢？

生："合计"算出的分别是一孩、二孩和三孩的总数。

师：你觉得哪张统计表更便于了解全班同学家里分别有几个小孩呢？为什么？

生：我认为第二张统计表更便于了解，因为它合计出的分别是一孩、二孩、三孩的总数，而第一张表合计出的是男、女生人数，跟问题没多大关系。

其他同学都表示赞同。

师：那么，对于第二张统计表，你们还有什么修改建议吗？

生：我觉得表格左上角的那个空格可以分成两部分，一个表示数量，另一个表示性别。（在黑板上画出下图）

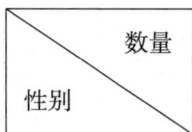

师：大家觉得这个建议好不好？表格左上角的那个空格叫作"表头"（板书：表头），把它分成两部分后，横着对应的就是"孩子的数量"，竖着对应的就是"学生的性别"。还有别的建议吗？

学生都摇头表示没有了。

师：从表头看，只表示横向和竖向两栏，可是，表格里还有这么多表示"人数"的数据，能在"表头"里表示出来吗？

生：可以再增加一个"人数"，可是分成三部分该怎么画呢？

生：（自告奋勇）我会画。

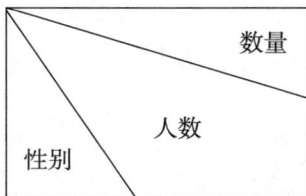

全班同学对该生报以掌声！

师：大家对这张统计表还有什么好建议？

生：我觉得要给统计表添上一个名称，要不然别人不知道你统计的是什么。

生：我认为还要添上"日期"，要不然到了明年、后年，数据可能会有变化。

师：这些都是非常好的建议！现在我们一起把统计表制作完整。

师生一起重新制作统计表：

五（1）班同学家庭孩子数量统计表

2015 年 12 月

数量 人数／人 性别	一孩	二孩	三孩
男生	12	5	1
女生	8	3	1
合计	20	8	3

怎样让学生经历复式统计表的产生过程，从而对统计表的价值有更深刻的体验呢？上述教学中，从两张单式统计表入手，创设问题情境——

"如果想了解全班同学家里分别有几个小孩，又该怎样整理数据呢"，激发学生的认知兴趣和探索愿望。接着，放手让学生自主尝试制作复式统计表，并把之后的交流重点放在新知——"表头"的表示方式上。最终，在师生的深度对话过程中，学生的思维不断得以优化，复式统计表也不断得以修订、完善。整节课，学生始终处于积极参与的状态之中，数学思维逐渐深入，创新火花不断迸发。

3. 改变教学意义，素养导向，数学育人

不管是教什么学科的老师，归根结底都是教学生的！要坚持素养导向，根据学习目标和学生实际，选择一条让学生经历更多事物、看到更多风景、获得更多发展的路，从而由学科教学走向学科教育。

教学不应停留于孤立的"知识点"的学习，要让学生清楚数学知识的来龙去脉：是从哪儿来的？又可以到哪儿去？很多知识后面都隐含着丰富的文化因素，有很多故事。结合这些生动的故事来讲数学，学生对数学的感觉就会不一样。要引导学生知道，生活和工作中有这么多问题都需要用数学来解决，数学很有用，从而让学生真正走进数学、了解数学、领悟数学，激发学生学习数学的持续的积极性。

教学不应停留于单纯知识（包括数学基础知识和基本技能）的学习，而应多关注知识内涵的掌握及知识的实践应用，由知识向思维过渡，由具体知识引向背后的数学思想和方法，帮助学生逐步学会思维，不断提升学生的思维品质，包括由"理性思维"逐步走向"理性精神"，让知识成为素养，变成智慧。

不应停留于单一的课堂形态和学习方式，一成不变只会生出无趣来，而应将直接教学与合作、探究式学习相结合，通过多样化的课堂形态和丰富、灵活的学习方式来展现学习本身的魅力，比如问题引领下的探索性学习、自学基础上的分享式学习、基于主题研究的实践性学习等等。数学课应该总是因为"不同"而让学生心生期待。

1

第一章

学为中心，点亮常态课堂

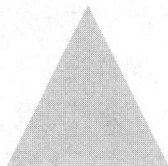

引言 回归"两个吃透"的常识

怎样提高小学数学的教学质量，使得人人都能获得良好的数学教育，让核心素养真正落地？有没有根本性、普适性的经验？理论与实践都能证明：两个"吃透"是有效教学的基本规律，是提高教学质量的根本性经验，也是重要的常识。

所谓两个"吃透"，即"吃透"教材、"吃透"学生。这既是教学活动的逻辑起点，也是教学取得成效的根本保证。

一、"吃透"教材

张奠宙先生曾讲："数学教育，自然是以'数学'内容为核心。数学课堂教学的优劣，自然应该以学生是否能学好'数学'为依归。也就是说，教育手段必须为数学内容服务。"英国学者 P·欧内斯特也说："数学教学的问题并不在于教学的最好的方式是什么，而在于数学是什么……如果不正视数学的本质问题，便解决不了关于教学上的争议。"确实，教师只有清楚学科本质是什么，才会明白教学究竟要把学生带向何方。数学教学设计的核心是如何体现"数学的本质"，呈现数学特有的"教育形态"，使得学生高效率、高质量地领会和体验数学内容的价值和魅力。

数学教材是实现数学课程目标、实施数学教学的重要资源，是数学内容的主要载体，备课首要的就是"备教材"。要弄清数学知识本身的结构体系，整体考虑知识之间的关联，把握具体数学知识的本质，挖掘知识背后蕴藏的数学思想方法。"吃透"了教材，才能真正做到"创造性地用教材教",才能促进学生数学核心素养的形成与发展。

比如，判断一个数是不是2或5的倍数，为什么只要看个位？判断一个数是不是3的倍数，为什么要看各个数位上的数之和？这可以用"倍数"的具体含义来解释：一个数，2个2个（3个3个或5个5个）地分，刚好能分完，这个数就是2（3或5）的倍数。在教学中，如果教师能用倍数的具体含义解释2、3、5的倍数的特征，揭示其背后的道理，而不是仅仅关注计算的正确，就能帮助学生理解数学知识的实质，教学就有了深度。

又如，学习"梯形的面积计算"时，教材中编排有这样一道习题：我们经常见到圆木、钢管等堆成像右图的形状，请计算图中圆木的总根数。

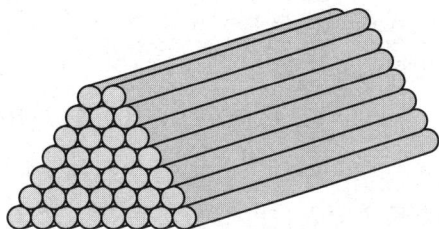

教学中，笔者让学生先自主尝试解答，之后组织全班交流。

从学生的角度看，这道题安排在学习梯形面积之后的练习中，学生受思维定势的影响很容易想到梯形面积，而且这样计算的结果用计数法验证也是正确的。因此，班里大多数学生都认为，这堆圆木的"横截面像个梯形"，"上层根数相当于梯形的上底，下层根数相当于梯形的下底，层数相当于梯形的高"，而"梯形面积=（上底+下底）×高÷2"，所以，"圆木的总根数=（顶层根数+底层根数）×层数÷2"。学生甚至还十分肯定地说："求圆木总根数，就是应用梯形面积计算公式"。

师：（质疑）对于这种方法，你有什么疑问吗？

生：我有疑问，这道题目的要求是求圆木的总根数，而不是求那个"横截面"的面积，为什么用梯形面积公式去计算呢？是什么道理？

师：谁能解答他的疑问？

生：因为这个梯形的面里摆满了圆木，所以求梯形面积其实就是求圆木的根数。

生：可是，如果仔细看，这个截面并不是一个标准的梯形啊，它的边线不是直的线段，而是一些弯的弧线。另外，圆木并没有填满整个梯形的

"面"，圆木之间有空隙呀！

生：还有，为什么要把这堆圆木的层数看成梯形的"高"，而不把它看作梯形的"腰"呢？它看起来不是更像"腰"吗？

生：如果把"层数"看作"腰"，就跟求梯形面积的公式没关系了，那怎么能说"求圆木总根数，就是应用梯形面积计算公式"呢？

几个学生的质疑让全班同学陷入了沉思，大家面面相觑，用期待的眼光盼着老师来指点迷津。

师：除了用梯形面积公式计算圆木根数之外，刚才我还看到有同学这样列式，2+3+4+5+6+7+8，可以吗？（生：可以）怎样求它们的和呢？有巧算的办法吗？

生：可以先算 2+8=10，3+7=10，4+6=10，再算 10×3+5=35（根）。

师：真好！若把这一列数字倒着写，写成一列新数 8+7+6+5+4+3+2，也是 7 个数。再把两列共 14 个数相加，用（2+8）×7=70，也就是用（最上层根数 + 最下层根数）× 层数，就算出了两列数字的和，再除以 2 就是一列数字的和了，70÷2=35。想一想，这种算法跟梯形面积的计算方法有联系吗？

生：哦，我明白啦！我们在研究梯形面积的计算方法时，是用两个完全一样的梯形拼成了一个平行四边形，用转化的方法来计算梯形的面积，如果再有同样的一堆木头，假设能倒放在旁边，也就能组成一个平行四边形，这样每层的根数就一样多了，每层的根数就是 2+8=10，用 10×7=70（根）就算出了两堆这样的木头的数量，然后除以 2 就是一堆的数量了。

全班同学对该生报以热烈掌声！

师：如果在这堆木头上再填上一层，最上层 1 根，这堆木头就堆成了什么形状了？

生：三角形。

出示右图。

师：堆成了三角形，又该怎样求

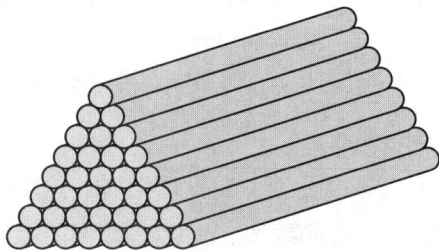

这堆木头的根数呢？是用三角形面积公式吗？试一试。

学生尝试列式，全班交流。

生：用三角形面积公式计算，$8 \times 8 \div 2 = 32$（根）。

师：想一想，圆木的根数会是 32 根吗？

生：不可能！刚才还 35 根呢，现在添上 1 根，怎么会是 32 根呢？

师：看来，计算圆木根数，不能简单地理解成圆木堆成什么形状，就用那种形状的面积计算公式求圆木的根数。还有不同的想法吗？

生：$(1+8) \times 8 \div 2 = 36$（根）。我想象有一堆完全一样的三角形圆木倒着放在旁边，就拼成了一个平行四边形。每层都是 1+8 根，共有 8 层，$(1+8) \times 8$ 就算出两个木堆的根数，再"$\div 2$"就是一堆圆木的根数了。

看来，学生已经不再把这个计算方法看作梯形的面积公式了。他们在计算木头的根数时没有死死盯住一个式子的表象，他们的脑子里是有具体的"形"的。

师：现在我们明白了，求圆木总根数的计算公式可以写成：总根数 =（顶层根数＋底层根数）× 层数 ÷2。表面上看，它确实很像梯形面积计算公式——梯形面积 =（上底＋下底）× 高 ÷2，但实质上并不是。其实，这道题是求等差数列 2、3、4、5、6、7、8 的和的问题，计算公式应是：和 =（首项＋末项）× 项数 ÷2。到了中学，同学们就会学到这个知识了。

……

学生惊奇地发现，这个算式就是等差数列的求和公式。在上述利用几何模型（梯形面积）得出等差数列求和公式的过程中，不就自然渗透了几何直观的思想方法吗？

可见，"吃透"教材，弄清楚数学内容的本质、相关内容的核心、基本问题和重要问题、具体知识内容的来龙去脉等，才能更好地开发与落实数学内容的教育价值。

二、"吃透"学生

学生是教学的出发点和归宿，"教什么"和"怎么教"在很大程度上是由学生的学习决定的。"吃透"学生就是要把我们对学生的模糊判断、主观判断转变为精确、客观的判断，以获得尽可能真实、准确的信息，并使教学精确到与学生的需求相联系。

只有把学生的学习起点、学习路径、学习方式等研究清楚，把学生学习的障碍与困难研究透彻，并能够准确地分析产生学习困难的原因以及寻求相应的解决策略，才能在关键处引领学生的思维，教师的教才能有效地促进学生的学。从这个意义上说，教师最重要的本领就是"对学生学习情况了如指掌和进行有针对性的指导"。

比如，教学五年级"小数乘法中因数与积的关系"，学生经过几年的数学学习，在乘法里"一定会越乘越大"已然成为"思维定势"，直到学习完小数乘法之后，才认识到也会有"越乘越小"的现象。可是，为什么会"越乘越小"呢？可能在六年级学习了分数乘法之后，用"求一个数的几分之几是多少"来解释会更容易些。那么，在五年级小数乘法的学习中，应该怎样引导学生理解其中的道理呢？能否创设一个合适的生活情境来"借事喻理"呢？笔者作了如下尝试。

创设情境：妈妈到超市买水果，香蕉的单价是 7.98 元 / 千克。

（1）如果妈妈买了 1 千克香蕉，一共需要多少钱？

（2）如果妈妈买了 1.2 千克香蕉，8 元钱够吗？

（3）如果妈妈买了 0.86 千克香蕉，8 元钱够吗？

先让学生列式并估算结果，然后再引导发现规律并解释说理。

学生凭借生活经验不难理解：买 1 千克，钱数就是 7.98 元；买的超过 1 千克，钱数就大于 7.98 元；买的小于 1 千克，钱数就小于 7.98 元。

这样的教学，既蕴含了"求一个数的几分之几是多少"的算理，又不超前学习。教师把"纯粹"的数学知识与学生熟悉的、具体的生活现象很自然地联系起来，把抽象的数学知识变得有趣、生动、易于理解。

再如，六年级学习分数时，习题中有这样一道题：

有两根绳子，第一根长 2 米，第二根比第一根长 $\frac{3}{4}$ 米。第二根长（　　）米。

显然，这道题应该用加法，$2+\dfrac{3}{4}$，括号里应该填$\dfrac{11}{4}$米。可是，让人吃惊的是，竟然有不少学生把答案写成$\dfrac{7}{2}$米。怎么算的呢？原因是把"多$\dfrac{3}{4}$米"，误认为"多$\dfrac{3}{4}$"，$2+2\times\dfrac{3}{4}=\dfrac{7}{2}$米。这似乎是审题时"马虎"，"没看见单位名称"造成的。

可是，这些出错的孩子为什么会看不到单位"米"呢？根本的问题在哪里？归根结底，并非"马虎"惹的祸，而是没有真正理解"$\dfrac{3}{4}$与$\dfrac{3}{4}$米"的区别。

在分数教学中，如果我们注重在"$\dfrac{3}{4}$与$\dfrac{3}{4}$米""$\dfrac{2}{5}$与$\dfrac{2}{5}$千克"等问题上有针对性地进行比较，经常进行如下辨析性练习，情况就会大不一样。

例1：$\dfrac{1}{4}$米长还是一根绳子的$\dfrac{1}{4}$长？

例2：两根同样长的铁丝，第一根用去$\dfrac{3}{4}$，第二根用去$\dfrac{3}{4}$米。哪根铁丝剩下的长？为什么？

像这样的问题，答案都是不唯一的。通过讨论，学生会清楚，所谓$\dfrac{3}{4}$米是以1米为整体的，它的长度是具体的、确定的。而"一根铁丝的$\dfrac{3}{4}$"，是以一根铁丝为单位"1"，$\dfrac{3}{4}$是针对这根铁丝而言，这根铁丝的长度是未知的，所以这根铁丝的$\dfrac{3}{4}$也是未知的。因此，$\dfrac{3}{4}$米与一根铁丝的$\dfrac{3}{4}$相比较，需要分类讨论，答案会出现三种情况：一根铁丝的$\dfrac{3}{4}$长；$\dfrac{3}{4}$米长；两根一样长。产生这种不确定性的最根本的原因是$\dfrac{3}{4}$与$\dfrac{3}{4}$米之间的差异，对此学生有了深刻的认识，自然也就会认识到单位名称"米"不是可有可无的。当学生的认识达到这种程度时，所谓"粗心大意"的张冠李戴现象就会大大减少了。

需要注意的是，为了避免学生产生思维定势，上述教学中，还应注意提供变式和反例，进行如下对比练习。

例3：把一根铁丝剪成两段，第一段长$\frac{1}{8}$米，第二段占全长的$\frac{1}{8}$，第一段与第二段的长度相比较，（　　）。

A. 第一段长　　　B. 第二段长　　C. 一样长　　　D. 无法确定

此题与前面两题不同，由于是同一根铁丝，由"第二段占全长的$\frac{1}{8}$"，就可以推知"第一段占全长的$\frac{7}{8}$"，而$\frac{7}{8}$大于$\frac{1}{8}$，所以，一定是第一段的长度长。这个答案就是确定的。

这样，通过及时的比较、辨析，就能帮助学生从对错误的反省中引起对知识的更为深刻的思考，从而明确知识间的异同之所在，使所学知识深刻而精确。

实践已经反复证明，"吃透"学生的过程就是一个发现学生的过程，是一个不断摆正自己作为一个教育者的位置、寻求与学生交往的更好方式的过程，也是一个不断提升自身专业水平的过程。

作为一线教师，对生命要常怀敬畏之心，对教育要常怀敬畏之心，不迷信，不盲从，坚持独立思考，遵循规律，返璞归真，不断把教学研究做实、做细、做深。

案例 1　教不越位，学要到位
——"小数的初步认识"教学案例与思考

　　"小数的初步认识"到底"教什么"？教到什么程度呢？课程改革后，不同版本的小学数学教材都是分两个阶段"螺旋上升式"地处理"小数的认识"：第一阶段安排在三年级下册，结合元、角、分和长度单位来初步认识小数；第二阶段大都安排在四年级下册，系统地学习小数的意义。教材这样安排的目的是让学生对小数的认识有一个循序渐进的过程，但在具体的教学中，许多老师困惑于不知道如何把握教学的"度"，有"深一脚浅一脚"的感觉。上得"浅"，体现在只是把用"元"作单位的小数转化为几元几角几分，这仅仅是一年级"认识人民币"的延续，自然对小数的认识不够到位，学与未学没有什么差别；上得"深"，体现在刚刚认识小数就提前对小数的意义进行了抽象和提炼，上成了"小数的意义"。为了做到"教不越位，学要到位"，需要整体上分析、把握"认识小数"这一单元的内容是什么，学生对"小数"已经有了哪些认识，明确学生的表层理解与数学本质的距离在哪里，这是教学的空间，也是最近发展区。

　　从内容来看，各版本教材的整体设计不尽相同，但对于"初步认识小数"都把握了共同的原则：(1) 联系儿童的生活经验认识小数，在具体的"量"中理解小数的现实意义，这里"具体的'量'"主要指人民币单位（元、角、分）和长度单位（米、分米、厘米）等；(2)"规定"小数是十进分数的另一种表示方法；(3) 沟通联系，即用"整数、分数、小数"都能表示同一个"量"。以人教版为例，教材在编排"认识小数"这一部分内容时，充分利用了小数与日常生活的密切联系，创设了较为丰富的、贴近儿童生活实际的情境，让学生在熟悉的情境中感悟小数的含义，并把元、角、分等常用计量单位的知识作为小数认识和计算的形象支撑，到以后系统学习小数时，再作抽象。

从学情调研来看，对于"以元作单位的小数表示几元几角几分，几角（1元以内）就是零点几元"等知识学生在生活中已经有了比较充分的体验，已经转化为学生的生活经验和认识；另一方面，学生对分数也已经有了初步的认识。这些正是学生认识小数的知识与经验基础。

那么，究竟"初步认识"到什么程度呢？对于"初步认识小数"这一部分，人教版教材只要求理解一位小数的含义，具体目标定位为：第一，初步认识小数时不要求离开现实背景和具体的量，不把小数作为一个抽象的"数"来研究，不出示数位、计数单位等概念，结合具体的量和模型来认识；第二，小数的认、读、写，限于小数部分不超过两位的小数。也就是说，本节课的目标定位就是借助直观让学生初步感知十分之几可以用一位小数表示，知道以元、米为单位的小数的实际含义。

虽说是"初步认识"，但仅仅停留于"会认、会读、会写小数"这些零碎的知识点吗？若如此，学生获得的不过是"了解"一些事实性的知识，其丰厚的数学内涵和素养培育目标会大大缩水。小数实质上是十进分数的另一种表示形式，学生理解小数意义的关键是把小数和分数联系起来，这也是小数概念教学中的一个难点。我们可以更深入地思考：如何寻找从生活经验到数学理解的桥梁，让学生在熟悉的生活情境中借助直观的图示去体会分数与小数的内在联系？如何沟通小数与分数、整数的联系？如何更好地利用学生已经形成的数的知识结构，实现对小数知识的主动迁移？……

另外，两种常见的生活情境——"元、角、分"和"米、分米、厘米"，哪个更容易让学生建立小数与分数的关系呢？从学生的学习现实来看，以"米"作单位的小数对学生来说比较陌生，远不及商品单价中以"元"作单位的小数那样有着丰富的经验。为此，笔者认为，可以先借助元、角、分之间的关系来突破教学难点，帮助学生体会分数与小数之间的关系，积累经验，再利用长度单位进一步理解小数的意义，完善对小数的认识。

基于上述思考，笔者进行了如下教学。

师：老师经常要用的数学书，你能看出这本书的价钱是多少吗？（出示图片，图中有1张5元纸币、1枚1元硬币、1枚5角硬币、4枚1角硬币、8枚1分硬币。）

生：6元9角8分。

师：很棒！这本书的价钱就是6元9角8分。我们看看书上是怎么记录它的价格的（投影显示书的价格是6.98元）。这是一个什么数？（板书：小数。）这两种方式你更喜欢哪一种呢？为什么？

生：我喜欢第二种，因为第二种方法很简便。

生：我喜欢第一种，因为第一种方法很容易看懂。

师：确实，两种记录价钱的方法各有长处。用小数来记录的方法更简单，也更方便，所以在生活中经常用到。今天我们就来认识小数。（板书课题：认识小数。）

【思考】小数产生于生产和生活中计量的需要，上述情境的设置，引导学生进一步体会小数产生的价值。

师：对于小数你已经知道些什么了？还有什么问题想问吗？你可以用上"我知道……""我想问……"这两个句式，把你知道的小数知识和你想问的关于小数的问题说一说。

生：我知道超市的价格牌上有小数，测量身高时也用到小数，我的身高是1.4米。

生：我知道计算的时候也可能用到小数。

生：我想问学习小数有什么用处？

生：我知道小数点是一个小圆点，不能写成顿号。

师：（板书6.98元）会读这个小数吗？

生：读作六点九十八元。

生：不对，应该读作六点九八元。

师：是的，应该读作六点九八元，小数点右边要按顺序一个数字一个数字地读。知道 6.98 元里的每个数字表示的意思是什么吗？

生：6 就是 6 元，9 是 9 角，8 是 8 分。

【思考】奥苏伯尔说："影响学习的唯一的最重要的因素是学习者已经知道了什么。"教师以"我知道……""我想问……"这两个句式，唤醒学生的生活经验，了解真实的学习起点，再通过组织学生之间的互动、交流，澄清错误认识，激活学生思维。

师：我们知道数学书的价格是 6.98 元，也就是 6 元 9 角 8 分，那么，超市里的塑料袋每个 1 角，应标价多少元？

生：1 角就是 0.1 元。

师：你能试着画一幅图表示 1 元，然后在图中表示出 0.1 元吗？

学生独立尝试，组内分享后，全班进行汇报。

生：我画了一个长方形，用它表示 1 元，我觉得 0.1 元就是其中的一小部分。（在长方形中直接分出一小部分，涂色表示 0.1 元。）

生：我觉得就这样不准确，也许这是 0.2 元呢。我觉得应该把这个长方形平均分成 10 份，然后给其中的 1 份涂上颜色，那就是 0.1 元。（呈现该生作品）

师：的确，数学要讲究准确，随便画一部分是不准确的。

生：我也觉得应该先把长方形平均分成 10 份。不过，我画的是圆，我把圆平均分成 10 份，然后涂了其中的 1 份，这就是 0.1 元。

生：我画的是一条线段，把它先分成 10 段，1 段就是 0.1 元。

师：观察这几位同学的作品，他们选择的图形不同，分法也不同，为什么都能表示 0.1 元呢？

生：因为都是把图形平均分成 10 份，表示其中的 1 份。

师：为什么一定要平均分成 10 份呢？

生：因为 1 元等于 10 角。

生：因为 1 元等于 10 角，平均分成 10 份后，每一份是 1 角，1 角就是 0.1 元。

课件演示：1 元 =10 角，把 1 元平均分成 10 份，1 角是其中的 1 份，所以就是$\frac{1}{10}$元。

师：想一想，1角除了用 0.1 元来表示，还可以用其他的数来表示吗？

生：还可以用$\frac{1}{10}$元表示，因为 1 元里面有 10 角，1 角是其中的 1 份，所以就是$\frac{1}{10}$元。

生：因为把 1 元平均分成 10 份，1 角是其中的 1 份，所以就是$\frac{1}{10}$元。

师：1 角可以用分数$\frac{1}{10}$元来表示，也可以用小数 0.1 元来表示。

板书：

$$\frac{1}{10}元 \nearrow^{1角} \searrow 0.1元$$

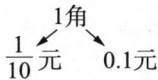

师：$\frac{1}{10}$元写成小数就是 0.1 元。仔细看图，在 1 元里面能找到几个 0.1 元？（10 个）

出示：橡皮的价钱　3 角 = $\frac{(\quad)}{(\quad)}$元 = （　）元。

尺子的价钱　6 角 = $\frac{(\quad)}{(\quad)}$元 = （　）元。

生：3 角 = $\frac{3}{10}$元 = 0.3 元。

生：6 角 = $\frac{6}{10}$元 = 0.6 元。

师：0.1、0.3、0.6 这些小数表示成分数，有什么相同的地方？
生：都是十分之几。
师：零点几的小数都表示十分之几。
出示：笔袋的价钱　8 元 5 角 = （　）元。
生：8.5 元，5 角就是 0.5 元，跟 8 元合起来就是 8.5 元。
师：8.5 元这个小数是 8 元和 0.5 元合起来得到的。

板书：

$$\begin{array}{ccc} & \text{8元5角} & \qquad\qquad \text{先分再合} \\ \swarrow & & \searrow \\ \text{8元} \quad + & & \text{0.5元} \\ \searrow & & \swarrow \\ & \text{8.5元} & \end{array}$$

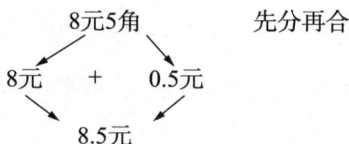

出示：手机的价钱　2999.9 元。

师：你知道这个小数是怎么合成的吗？

生：2999 元和 0.9 元合成了 2999.9 元。

板书：

$$\begin{array}{c} \text{2999.9元} \\ \swarrow \qquad\qquad \searrow \\ \text{2999元} \qquad\qquad \text{0.9元} \end{array}$$

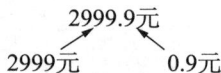

师：小数小数，是不是真的都很小呀？

生：不是。

师：看来，通过把整数和小数合起来，我们也可以得到一个比较大的小数。

【思考】学生不仅在生活中经常见到小数，而且他们对于 0.1 元就表示 1 角等，都已经积累了丰富的经验。这些经验的存在，对于学生如何在小数和十进分数之间建立联系，具有举足轻重的作用。实践证明，这样的联系，学生是完全可以凭借经验储备，自主建构起来的。因而，上述教学，教师选择以任务驱动的方式，引导学生用直观图形表示 1 元，进而在图形中个性化地表征 0.1 元。这样的数学活动和任务，虽然不是每个学生都能够准确完成的，但是不同学生所呈现出的不同表征水平、不同理解，恰恰为后续的生生对话提供了丰富的教学资源和契机。0.1 元的含义就是在这样的自主建构、生生互动、相互碰撞、归纳概括的基础上得以明晰的。寻找各种表征方式的过程，彻底打开了学生的思维与想象，让学生在头脑中构建小数的图形表征的各种可能，让学生在寻找联系的过程中，感受分数与小数的联系，加深对小数的理解。

接着，紧扣整数和小数对应改写，突出对小数意义的概括性理解。学生自主发现，把整数和纯小数"合"起来，体会"小数有时也不小"。通过"合"，从纯小数到带小数，进一步丰富了学生对小数的认识，让学生感受到数学的统一与和谐，逐步展现了一个全面而丰富的客观世界。在这一过程中，学生开阔了视野，提升了认识，生发了智慧。

师：刚才我们把一个图形看作 1 元，研究了价钱中的小数。如果我们把这个长方形看作 1 米，平均分成 10 份，那么 1 份是多长？

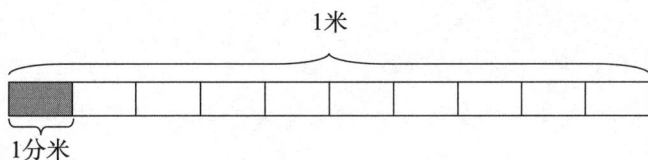

1米

1分米

生：1 分米。

生：还可以表示 0.1 米。

生：还可以是 $\frac{1}{10}$ 米。

小结：1 分米 = $\frac{1}{10}$ 米 = 0.1 米。

试一试：

5 分米 = $\frac{(\quad)}{(\quad)}$ 米 = (　　　) 米。

8 分米 = $\frac{(\quad)}{(\quad)}$ 米 = (　　　) 米。

师：仔细观察这些小数与分数，你有什么发现？

生：这些小数都表示十分之几。

师：再观察 0.1 元与 0.1 米，它们有什么相同点与不同点？

生：它们都可以用分数 $\frac{1}{10}$ 来表示。

生：它们都表示把一个数平均分成 10 份，取其中的 1 份。

师：0.1 元 = $\frac{1}{10}$ 元，0.1 米 = $\frac{1}{10}$ 米，无论加上什么样的单位，0.1 都

表示 $\frac{1}{10}$。

【思考】"认识小数"属于概念教学，较为抽象，根据学生对概念的认知，一般遵循"感知—表象—抽象概括—形成概念"这一规律。本课中，从带单位的具体数量入手，最后还要回归到抽象的数。这样，才算是完成了对小数含义的基本把握。然而，这一过程对学生来说并不容易，教师需要充分挖掘和利用概念中的直观成分，采用数形结合的方法，利用直观模型，降低难度，引导学生通过观察、比较、归纳、概括，最终从特殊到一般地认识"小数"概念的本质特点。上述教学，把数与形在同一时空中呈现，将小数具体化、形象化，并让学生在相互比较与联系中感受，在不同中看到相同，在变化中看到不变，其目的是让学生对小数含义的理解变得多维而深刻。

师：老师的身高大约是 1 米 8 分米，你能用"米"作单位来表示这个数吗？能在下面的线段中找到 1.8 米吗？

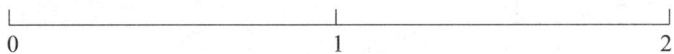

生：把 1 到 2 这一段平均分成 10 份，第 8 份就是 1.8。

师：说说这样做的理由。

生：1.8 米是由 1 米和 0.8 米合成的，一定比 1 米大，在 1 的右边。0.8 米也就是 $\frac{8}{10}$ 米，把 1 米平均分成 10 份，8 份就是 $\frac{8}{10}$ 米。

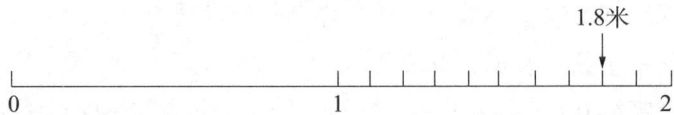

出示：姚明的身高是 2.26 米，大概在上图中的什么位置？

生：不够长了，要向右延长。（课件演示）

师：看来，越向右，数就越来越——

生：大。

师：2.26米的准确位置在哪儿呢？有什么办法可以准确表示呢？

生：把2.2和2.3这一段再平均分成10份。（课件演示）

【思考】在数轴上表示小数，对于学生来讲有一定难度。因为学生不仅需要理解小数的含义，也需要理解小数和整数一样，在数轴上按一定的顺序分布，每一个小数在数轴上都可以找到一个点与之对应。上述教学中，让学生在数轴上的"空白"处找1.8的位置，促使学生想到"平均分成10份"后才能找到准确位置。在这个过程中，学生体会到小数与整数的关系，对数轴上的"点"理解也更深刻、更到位。通过在数轴上找"2.26米的准确位置"，进一步帮助学生感悟"区间"，既为后续学习作铺垫，也使学生初步感知有理数的稠密性。

案例 2　精确分化，突破难点
——"乘法分配律"教学案例与思考

学生在学习了乘法结合律、乘法分配律后，经常会出现这样的错误：（25+7）×4 = 25×4×7。有经验的教师都知道，这是将乘法结合律与分配律混淆的表现。通常，在教学乘法分配律之前，极少有这样的错误，但是学习了之后几乎每个班都会有学生出现这种错误。什么原因？

心理学告诉我们，这是受到倒摄抑制与前摄抑制影响的缘故，即先（后）学习的材料对识记（回忆）后（先）学习的材料有干扰作用。干扰的程度受前后两种学习材料的相似性、难度、时间的安排以及记忆巩固情况等因素的制约，其中最主要的因素是学习材料的相似性。

那么，怎么针对干扰因素解决问题呢？实践证明，采用强化记忆等方式效果并不理想。我们不妨整体观察五条运算定律——

加法交换律：a+b=b+a。

加法结合律：（a+b）+c=a+（b+c）。

乘法交换律：a×b=b×a。

乘法结合律：（a×b）×c=a×（b×c）。

乘法分配律：（a+b）×c=a×c+b×c。

从运算的本质看，区别十分明显：先学的四条运算律，都只针对一种运算，只有最后学的分配律涉及两种运算。乘法分配律沟通了乘法与加法的联系，其实质是"c组（a+b）分成c个a加c个b"或者"c个a加c个b配成c组（a+b）"。可见，导致常见错误的主要教学原因是：运算定律的教学，没有实现易混知识的精确分化，学生不知道分配律与其他运算定律的本质区别。而在简便运算教学时，审题习惯的培养上也存在偏差，过分强调观察数据的特点。合理的审题顺序，应该是先看算式特点，再看数据特点。因为只有看清了算式是何种运算，数据特点才有意义。

搞清了原因，对症下药，相应的教学设计也就自然地产生了。

教学片段一

课始，让学生回忆已学过的运算定律的字母表示形式，并说明它们适用于什么运算。

加法交换律：$a+b=b+a$。

加法结合律：$(a+b)+c=a+(b+c)$。

乘法交换律：$a \times b=b \times a$。

乘法结合律：$(a \times b) \times c=a \times (b \times c)$。

结合学生回答，小结：我们前面学过的交换律、结合律只适用于单一的加法或单一的乘法，那么加法和乘法之间有什么运算规律呢？这就是我们今天要学习的新知识。

【思考】对于学生易混淆、非比较不能区别的相似、相近或相关的知识，要通过辨异比较，使学生对知识进行精确分化，准确理解这些知识之间的联系与区别。为此，在导入新课时，通过复习学过的运算定律，启发学生温故知新：原来已学的四条运算律，都只适用于单一的加法或单一的乘法运算。那么加法和乘法之间有什么运算规律呢？这样，从一开始就凸显了新旧知识的区别，使所学知识深刻、精确。

教学片段二

出示：求右图整个大长方形的面积（单位：cm）。

算法一：$12 \times (3+20)$。

算法二：$12 \times 3+12 \times 20$。

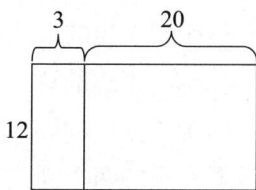

让学生说明两种算法每一步的含义。

出示：学校为一（1）班 30 名新同学定做校服，每件上衣 65 元，每条裤子 45 元。每人一套，全班一共需要多少元？

让学生独立列式，并说明两种算法每一步的含义。

算法一：$65 \times 30 + 45 \times 30$。

生：30 件上衣的钱加上 30 条裤子的钱，就是一共要付的钱。

生：30 个 65 加上 30 个 45，一共是多少？

算法二：$(65 + 45) \times 30$（1 套衣服的钱乘 30，就是一共要付的钱）。

【思考】学生对于乘法分配律的使用，生活中是有经验的。解答上述题目的过程，就是引导学生借助经验多视角理解乘法分配律。首先，借助直观图示来理解乘法分配律，让学生结合"形"来研究"数"的运算律，借助直观丰富的表象去感悟乘法分配律的内涵。其次，借助实际问题来理解乘法分配律，通过比较计算结果或乘法的意义，把解决问题的两种解法构建成一个等式，体验乘法分配律的合理性。另外，在引导学生交流算法时还注重联系乘法运算的意义来加深理解。对于小学生来说，这是一种接近本质的理解。一旦生成了真正的理解，相关知识紧密联系、融会贯通了，就能实现知识的精确分化，从根子上消除产生混淆的土壤。

教学片段三

出示：

$(3+20) \times 12$ $12 \times 3 + 12 \times 20$

$(65+45) \times 30$ $65 \times 30 + 45 \times 30$

师：同学们，看看这些算式，老师发现左边的两个算式感觉蛮像的，你们觉得呢？（学生纷纷点头赞同）那你能说说它们像在哪些地方呢？

生：左边的算式都有小括号。

生：左边的算式小括号外面都乘上一个数。

师：左边的算式都是先算两个数的和，然后再乘一个数。让我们再来看看右边的两个算式，它们有相同的地方吗？

生：它们都是先算出两个数的乘积，再相加。

生：我想补充一点，在相乘的两个数中有一个数是相同的。

师：确实是这样的！猜猜看，两边算式的结果会不会相等？我们怎样才能知道呢？

生：结果会相等，可以用计算验证。（师生共同口算第一组算式）

师：通过计算，第一组算式左右两边都等于276，在数学上我们可以用等号连接。（师用等号连接第一组算式）接着我们来看第二组算式，咱们提高点要求，谁有本领不用计算也能作出判断？可以互相讨论讨论。

（学生讨论后，全班交流。）

生：右边算式中的 65×30 是65个30，45×30 是45个30，合起来是110个30，左边的算式正好也是110个30，所以是相等的。

师：非常精彩！从乘法的意义着手，同样说明了问题。现在我们可以放心地在每两个算式之间写上等号了。（师用等号连接第二组算式）

师：这两个算式结果是相等了，那算式之间究竟有没有什么联系呢？

生：第一个等式左边是3和20的和与12相乘，右边是3和20分别与12相乘，再把两个乘积相加。

师：计算的结果——

生：（齐）相等。

师：是呀，带着这样的想法一起看看第二个等式。

生：左边算式是65和45的和与30相乘，右边算式是65和45分别与30相乘，再相加，结果一样。

师：同学们，这两个等式左边的算式先算加法后算乘法，右边的算式先分别相乘再相加，改变了运算的顺序，结果却不变，这样的现象是巧合吗？

生：不是！

师：既然大家都这么肯定，那现在老师说一个算式，你能很快写出一个与它得数相等的算式吗？$(15+10) \times 4$。（板书）

生：$15 \times 4 + 10 \times 4$。（师板书）

师：结果究竟相不相等？

生：我们可以分别计算，左边的算式计算结果等于100，右边的算式结果也等于100，所以相等。

生：我不用算也能发现它们相等。左边算式表示25个4，右边算式是15个4加上10个4，也是25个4，正好相等。

师：看来你们还真发现了一些名堂。那具备这种规律的等式就这三个？

生：无数个。

师：口说无凭，下面就请每位同学在练习本上写出两个例子吧。要求先写两道符合这种规律的算式，再验证两边是否相等，最后在小组内交流自己写的式子。

（学生举例并小组交流。）

师：谁愿意将你的例子说给大家听听？

生：我的第一个例子是（1+2）×3=1×3+2×3。

师：怎样证明相等呢？

生：通过计算可知两个算式都等于9。

生：我写的是（100+50）×20=100×20+50×20，左边算式等于3000，右边算式也等于3000。

师：这个例子计算起来要麻烦一些，能利用乘法的意义来验证吗？

生：左边算式表示150个20，右边算式是100个20加上50个20，正好也是150个20。

师：老师知道，还有很多同学想和大家分享自己的例子，但时间不允许，现在请大家想一想，假设我们班每人写的2个例子都不一样，咱们班35人，共70个例子，再加黑板上的3个例子，一共有了73个例子，例子举完了吗？

生：没有！

师：既然没有，那么如何保证猜想的正确呢？（学生面露困惑之色）数学上常用举反例的办法来验证，有没有哪位同学举出符合特征、结果却不相等的例子？

生：没有！

师：看来，凡是符合这样特征的两个式子结果都是相等的。现在问题来了，都说有无数个这样的例子，那如果非要你写出一个等式就能包含所有的例子，你会吗？在练习本上试着写一写。

学生独立思考，全班交流：

生：$(a+b) \times c = a \times c + b \times c$。

生：$(\square + \triangle) \times \bigstar = \square \times \bigstar + \triangle \times \bigstar$。

生：（甲 + 乙）× 丙 = 甲 × 丙 + 乙 × 丙。

……

师：这些方法都能概括我们发现的规律吗？（生：能）你认为哪种方法更好？（众生说各自的想法）数学上常用的是字母表达式：$a \times c + b \times c = (a+b) \times c$。（板书）简洁明了，方便多了。这个规律叫什么名字？有知道的吗？

生：乘法分配律。（师板书：乘法分配律。）

师：对！两个数的和与一个数相乘，等于两个数分别与这个数相乘，再把两个积相加，这叫乘法分配律，也叫作乘法对加法的分配律。想一想，乘法分配律中"分""配""律"体现在哪呢？

师：（在学生表述的基础上进行归纳）c 组 $(a+b)$ "分成" c 个 a 加 c 个 b；c 个 a 加 c 个 b "配成" c 组 $(a+b)$；"律"即规律。

【思考】"规律探究"过程中对猜想的验证，一般采用不完全归纳法，通过大量举例的方式进行验证，这是小学数学教学的特点之一。但举例验证绝不是简单地让学生随意地举几个例子。教学中，要注重对学生进行研究方法的指导。既要注重引导学生正确地举例，即举的例子要符合"两个数之和乘第三个数"以及"两个数分别乘第三个数然后相加"这样的特征，又引导学生用多种方法正确地验证。同时强调结论的得出必须通过列举大量的例子，只有找不到反例，才能进行归纳，获得结论。这样的教学才是扎实和有效的，带给学生的不仅是"学会知识"，也有学习能力的增强和理性精神的渗透。

案例 3　为迁移而教
——"三位数乘两位数"教学案例与反思

　　许多老师认为，三位数乘两位数没有什么可讲的，学生都会；即使有不会的学生，只要告之计算法则，学生也能"照猫画虎"地计算。老师的想法与学生的实际情况相符吗？学生的真实学习需求又是什么？不妨作个学情调研。

　　课前调研发现，笔者任教的班级中有将近 15% 的学生并不能正确计算"三位数乘两位数"，问题（或者说"学生的需求"）集中在"百位上的数是否计算"。随后在计算正确的学生中，随机选择几人进行访谈，他们大多知道算法，但是并不明白这样计算的道理，说明这类学生也有学习的需求。综上所述，透彻地理解"三位数乘两位数"的算理是学生共同的学习需求。

　　那么，应该怎样帮助学生理解算理呢？在计算教学中，经常选用操作、图示等直观方式，但直观方式并不是唯一选择。计算教学往往从简单到复杂螺旋上升，最基础的计算原理和方法支持着这样的发展和提高。学生的计算能力，一方面表现在掌握了算法，能正确地进行有关计算；另一方面表现为能运用已有的计算知识与经验，探索并解决数目更大、过程更复杂的计算问题。三位数乘两位数的竖式计算与两位数乘两位数的竖式计算的算理与算法是相同的，让学生运用已有数学知识和经验去自主探索，利用先前获得的认知结构对后继学习施以积极影响，使新知通过迁移而同化于原有的认知结构，并使原有的认知结构得以不断扩展和壮大，不仅有利于整体把握笔算乘法的内涵，沟通新知与旧知的联系，也有利于学生学会自主学习，提升学习力。

那么，如何实现"为迁移而教"呢？笔者作了如下尝试。

教学片段一

师：今天我们一起研究"三位数乘两位数"（板书课题），在研究新问题之前，先来回忆一下我们学习过哪些笔算乘法。

生：三位数乘一位数、两位数乘两位数。

师：我们先来复习，请大家独立计算 114×2 和 14×23。

（学生独立计算，全班反馈、交流。）

$$114 \times 2 = 228 \qquad 14 \times 23 = 322$$

```
      114              14
  ×     2          ×   23
  ────────         ────────
      228              42
                       28
                   ────────
                      322
```

师：说一说 14×23 是怎么算的。

生：个位上的 3 乘 14 等于第一层积 42，十位上的 2 乘 14 等于第二层积 28，两层积加起来是 322。

出示：

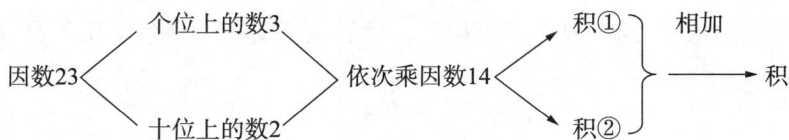

师：三位数乘一位数的计算方法，其实就依据了两位数乘两位数法则中的哪一句？

生：个位上的数依次去乘因数每一位上的数。

【思考】学生已经会笔算三位数乘一位数和两位数乘两位数，与三位数乘一位数相比，三位数乘两位数只需要多乘一位，并把两次的部分积相加；与两位数乘两位数相比，三位数乘两位数只是其中的一个乘数从两位数变成了三位数，竖式计算的方法完全可以从两位数乘两位数迁移出来。可见，新旧知识之间的联系是多么紧密。学生原有的认知结构是学习迁移的最关键因素。为此，在学习新知识之前，引导学生复习赖以形成新知的相关旧知，搭建联系新旧知识的桥梁，为学生自主研究新问题、实现知识的正迁移提供了必要保障。

教学片段二

出示：我国发射的第一颗人造地球卫星绕地球 1 圈需要 114 分钟。绕地球 23 圈需要多少时间？

（引导分析、列式：114×23。）

师：需要多少时间呢？先估一估，与同伴交流你的想法。

（小组交流，然后全班反馈。）

生：我把 114 估成 110，23 估成 20，$110 \times 20 = 2200$（分），因为把两个乘数都估小了，所以正确的积一定比 2200 分钟多。

生：我把 114 估大，估成 120；把 23 估小，估成 20；$120 \times 20 = 2400$（分），大约是 2400 分钟。

……

师：下面我们就来列竖式算一算准确的时间是多少。

（学生尝试计算，教师巡视指导，然后全班交流，展示学生作品。）

$$
\begin{array}{r}
114 \\
\times\ 23 \\
\hline
42 \\
228 \\
\hline
2322
\end{array}
\qquad
\begin{array}{r}
114 \\
\times\ 23 \\
\hline
342 \\
28 \\
\hline
622
\end{array}
\qquad
\begin{array}{r}
114 \\
\times\ 23 \\
\hline
342 \\
228 \\
\hline
2622
\end{array}
$$

师：一道题出现了三个结果，仔细观察，你认为哪种做法是对的？其他方法错在哪里？

生：第二种做法肯定是错的，刚才估算的结果是比 2200 还要多，他的计算结果是 622，一定不对！

师：用估算的结果来检验笔算结果，是个好方法！那我们仔细看看，第二种做法错在哪里了呢？

生：第二种做法十位上的 2 没有乘百位上的数。

生：第一种做法也是错的，个位上的 3 没有乘百位上的数。

生：只有第三种做法是对的。

师：为什么十位上的 2、个位上的 3 要乘百位上的 1？不乘不行吗？

生：不乘不行，不乘就变成了两位数乘两位数了。

生：两位数乘两位数就是依次去乘每一位上的数，三位数乘两位数也要依次去乘每一位上的数。

生：不乘百位上的数，计算结果就少了。

师：联系这道题目，想一想，个位上的 3 去乘 114，表示 3 个 114，算出的是什么？

生：算出的是绕 3 圈需要多少时间。（师板书：绕 3 圈用的时间。）

师：那十位上的 2 去乘 114 表示的是什么？算出的又是什么呢？

生：表示的是 20 个 114，算出的是绕 20 圈需要多少时间。（师板书：绕 20 圈用的时间。）

师：然后把两个积相加，表示的是什么？

生：表示 23 个 114，也就是绕 23 圈用的时间。

师：现在明白为什么个位和十位上的数都要依次去乘因数每一位上的数了吗？

生：我明白了，绕 1 圈需要 114 分钟，个位上的 3 乘 114 每一位上的数，表示 3 个 114，是 3 圈的时间；十位上的 2 乘 114 每一位上的数，表示 20 个 114，算的是 20 圈的时间。两者再相加，就算出了绕 23 圈的总时间。

师：谁能用自己的话说一说"怎样计算三位数乘两位数"？

生：先用个位上的数乘因数每一位上的数，再用十位上的数乘因数每一位上的数，然后把两次的积相加。

师：总结得真好！你觉得计算时应该注意些什么？

生：应该去乘因数每一位上的数，不能漏掉百位上的数。

生：数变大了，一定要细心计算。

师：真好！比较一下，你觉得三位数乘两位数和以前学的乘法有什么相同点和不同点？

（小组讨论后全班交流。）

生：它们的计算方法是一样的，都要依次乘每一位上的数，而且相同数位要对齐；不同点就是由原来的两位数变成三位数了。

师：是的，看似不一样，其实它们的计算方法和道理是相同的。

试一试：

$145 \times 12 =$ $286 \times 35 =$

（学生独立完成，集体反馈评议。）

【思考】奥苏泊尔强调必须让学生把握具有较高概括性、包摄性和强有力的解释效应的基本概念和原理，这些被称作"先行组织者"的观念，能对新的学习提供最佳关系和固定点。上述教学中，笔者正是通过"卫星绕地球的真实情境"，帮助学生理解竖式中每一层积的含义；再通过比较两位数乘两位数的计算方法和三位数乘两位数的计算方法，沟通新旧知识间的联系，努力使学生获得"依次去乘因数每一位上的数"这一包摄性强、具有强有力的解释效应的观念，把三位数乘两位数的计算固定在学生原有的认知结构中。这种观念的稳定性和清晰程度越高，越能促进向新知的积极迁移。

教学片段三

师：以前我们学过三位数乘一位数、两位数乘两位数，今天，我们又学了三位数乘两位数，猜猜看，以后我们还会学几位数乘几位数？

生：三位数乘三位数、四位数乘三位数、一百位数乘一百位数……

师：可是，课本上并没有安排这些内容啊，为什么呢？

生：因为它们都是用同样的方法计算的。

师：什么"同样的方法"呢？

生：都是先从个位算起，先乘个位，再乘十位、百位，一直乘下去。

师：乘的结果分别表示什么？

生：乘个位的结果表示有多少个一，乘十位的结果表示有多少个十，乘百位的结果表示有多少个百，依次类推。

师：我们再来看看古代欧洲的算式。

出示：

$$
\begin{array}{r}
114 \\
23 \\
\hline
12 \\
3 \\
3 \\
8 \\
2 \\
2 \\
\hline
2622
\end{array}
$$

师：看懂了吗？

生：它是一个数一个数算的。

师：什么意思啊？

生：就是先用个位上的 3 去乘个位的 4 等于 12，先写上去；再用 3 去乘十位的 1 等于 3，写上去；再用 3 去乘百位的 1 等于 3……

师：他说的对吗？你们看懂了吗？

生：看懂了。

师：笔算乘法其实就是拆一拆，算一算，对拆分后算出的几个几、几十个几、几百个几用竖式记录下来，再求出它们的和。

出示：□里填几？

$$
\begin{array}{r}
1\ 3\ 2 \\
\times\ 2\ \square \\
\hline
1\ 0\ 5\ 6 \\
2\ 6\ 4 \\
\hline
3\ 6\ 9\ 6
\end{array}
$$

（有的学生表示填 3，也有的表示填 8。）

生：我这样想，132 乘几等于 1056，132 乘 3 不等于 1056，132 乘 8 是对的。

生：我看 132 乘几的个位是 6，只有二三得六、二八十六，但是 132 乘 3 的积不会是四位数，所以应该填 8。

师：我们总结一下，要填的数与第一层积有关，还要考虑 2 乘几积的个位会是 6。

出示：□里填几？

$$
\begin{array}{r}
1\ 3\ 2 \\
\times\ 2\ \square \\
\hline
\square\ \square\ \square \\
2\ 6\ 4 \\
\hline
3\ 1\ 6\ 8
\end{array}
$$

（学生独立完成，小组交流后汇报。）

师：这个问题怎么想？

生：积的个位是 8，第一层积的个位一定是 8。然后再想 2 乘几得 8，由此得出第二个因数个位上是 4。

师：其他同学对他的说法有质疑吗？

生：我有问题，2 乘 9 等于 18，个位上也是 8 呀，为什么非要填 4 呢？

生：还要看第一层积是三位数，如果填 9，积就是四位数了，所以一定填 4。

生：我是这样想的，用 3168-2640=528，得到第一层积，再想 132 乘几是 528。

师：这样算的依据是什么？

生：计算法则中有依据，因为第一层积加第二层积等于最后结果，所以用最后结果减去第二层积就等于第一层积。

师：真会思考问题，从计算法则中找到了解决问题的依据。

【思考】多位数乘多位数的计算本质上是计数单位的累加，笔算乘法就是对拆分成的几个几、几十个几、几百个几用竖式记录下来，再求它们的和。借助古代欧洲的算法，让学生充分理解笔算乘法内在的本质，整体把握计算的道理。通过"□能填几"的练习，一方面增强了学习兴趣，另一方面促使学生不自觉地把视角投向计算法则，从计算法则中找到解决问题的依据，计算法则成为了学生思维的"支点"。

案例 4 选择更合适的"脚手架"

——"小数乘整数"教学案例与反思

对于"小数乘整数"的学习，大多数学生在课前并非一无所知，但所知的程度参差不齐。教学不能因为学生的"有所知"而压缩甚至忽略了学习过程，而要立足学生经验基础，引导学生从多角度对核心问题展开探究。其中，探究教学中寻找一种适合学生认知水平的思维"脚手架"非常重要。"小数乘整数"教学的展开主线无非两条：一是从学生已有的整数算理结构出发，利用积的变化规律来建构小数乘整数的算理结构，突出的是转化思想；二是从学生对小数意义本质的理解出发，利用整数乘法的原理帮助学生理解小数乘整数的算理结构［比如，4.3×3 理解为 43 个 0.1 乘 $3=（43 \times 3）$ 个 $0.1=129$ 个 $0.1=12.9$］，突出的是类比推理的思想。

哪种方式更有利于儿童的数学学习呢？笔者认为，两种方式都是可取的，但相比之下，第二种方式对于学生理解"小数乘小数"的算理难度较大。比如，1.4×0.8 理解为 14 个 0.1 乘 8 个 0.1，除了计数单位的个数需要相乘之外，计数单位本身也需相乘，等于 112 个 0.01，结果是 1.12。即使借助直观的图示，也不易理解。而转化的思想方法学生在学习和生活中接触得更为广泛。转化的价值经常表现在沟通新、旧知识的联系上。化新为旧，利用已有的知识经验解决新的数学问题，是有意义学习的表现。从思维形式上说，转化过程是推理过程，突出转化思想，也就加强了推理活动，把"推理素养"的培养落在了实处。为此，笔者认为，在"小数乘整数"的教学中，两种方式可以兼而有之，适当突出转化思想，以帮助学生透彻地理解算理。

教学片段一

出示：开学前，芳芳和妈妈一起到超市购买学习用品。练习本 0.59 元／本，橡皮 0.9 元／块。根据这些信息你能提出哪些数学问题？

（学生回答，教师挑选其中一个问题：买 3 块橡皮多少钱？）

师：买 3 块橡皮多少钱？请你先独立思考，然后把你的计算过程写下来。

（学生独立计算，先小组交流，再全班交流。）

生：连加，0.9+0.9+0.9=2.7（元）。

生：用乘法做，0.9×3=2.7（元）。

生：0.9 元 =9 角，9×3=27 角，27 角 =2.7 元。

生：我是用竖式做的，结果也是 2.7 元。

$$
\begin{array}{r}
0.9 \\
\times \quad 3 \\
\hline
2.7
\end{array}
$$

师：竖式里的"3"为什么要和"0"对齐呢？

生：因为"3"和"0"都是整数，都在个位上，所以要对齐。

师：结果是 2.7，你是怎么想的？

生：我是这样想的，先把 0.9 看成 9，9×3=27，再点上小数点，就得到 2.7 了。

师：（追问）为什么相乘得到 27 之后还要点上小数点呢？

生：因为题目中是 0.9×3，而 27 是用 9×3 计算出来的，所以要点上小数点。

【思考】要重视学生自主探索计算方法的过程，因为这种探索往往体现了学生对算理的初步理解。算法多样化可以鼓励学生个性化、主动地学习，同时学生在自主探索计算方法的过程中，将运用已有的经验、概念、法则等尝试解决新问题，这是一个寻找"合乎道理"的计算方法的过程，这些多样化的计算方法往往蕴含着学生心目中的"算理"。在此基础上，教师组织学生对各种方法进行比较，鼓励学生运用自己的语言有条理地表达自己的思考，即数的运算也是讲道理的，不是按照程序机械运行。实际上，上面几位学生在阐述自己的方法时，尽管有的想法有误（如竖式中的"3"和"0.9"中的"0"对齐），但他们都在进行着推理，都在有条理地进行表达。

教学片段二

师：我们一起来讨论讨论列竖式的做法。他先把"0.9×3"想成了整数乘法"9×3"来计算，那他是怎么把 0.9 变成 9 的呢？然后又是怎么变回原来的积的呢？这是利用了我们之前学过的什么知识呢？

（小组讨论后全班交流，教师逐步板书竖式，如下图。）

$$
\begin{array}{c}
0.9 \xrightarrow{\ \times 10\ } 9 \\
\times\ 3 \qquad\quad \times 3 \\
\hline
2.7 \xleftarrow{\ \div 10\ } 27
\end{array}
$$

师：竖式中的"3"应该和哪个数对齐呀？

生：和"9"对齐，因为把 0.9 变成整数 9 了。

生：我是这样想的。0.9 其实就是 9 个 0.1，计算 0.9 乘 3，就可以看作 9 个 0.1 乘 3，得到 27 个 0.1，就是 2.7。

课件演示：

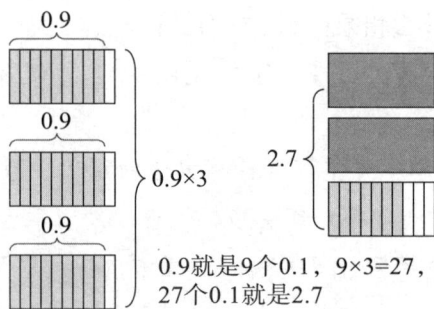

0.9 就是 9 个 0.1，9×3=27，27 个 0.1 就是 2.7

师：看来，计算小数乘法，可以把它先看成整数乘法计算，再在积里点上小数点。请你用这种方法算一算，0.09×3等于多少？

（学生独立计算，全班交流。）

师：算"0.09×3"，大家也想到了"9×3"这一整数乘法，那么现在乘数和积又是怎么变的呢？

（随着学生口述，教师逐一板书，如下图。）

算　　　　　想　　　　　算

$$0.9 \xrightarrow{\times 10} \begin{array}{r} 9 \\ \times 3 \\ \hline 27 \end{array} \xleftarrow{\times 100} 0.09$$

$$\times 3 \qquad\qquad \times 3$$

$$2.7 \xleftarrow{\div 10} \qquad \xrightarrow{\div 100} 0.27$$

【思考】小数乘整数的本质是什么呢？就是从小数的计数单位的角度解释计算中的道理，如0.9×3，把0.9看作9个0.1，9个0.1乘3等于27个0.1，27个0.1就是2.7。探究算理一方面是为了帮助学生理解和掌握计算的道理，更重要的是在探究和巩固算理的过程中可以培养和发展学生的思维能力。淡化了算理的教学实际上是弱化了思维能力的培养。

补充可以转化为同一整数乘法的0.09×3作为变式练习，能较明显地突出小数乘法计算中"算小数乘法想整数乘法"的关键步骤，进一步强化了用整数乘法来解释小数乘法的算理结构，便于总结小数乘整数的一般方法。

教学片段三

师：你觉得小数乘法竖式与整数乘法竖式有什么联系和区别？

生：我觉得小数乘法跟整数乘法的算法一样，只要在积里点上小数点就行了。

生：我认为小数乘整数的竖式对位跟整数乘法相同，都是末位对齐。

师：小数乘法的竖式对位跟小数加减法的是否一样？

生：不一样，小数加减法是"小数点对齐"，小数乘法跟整数乘法一样，是末位对齐。

出示练习：3.2×13=　　　　3.16×15=

（学生独立练习，教师选择典型做法作为例子进行全班交流。）

方法一：　　　　方法二：

$$
\begin{array}{r}
3.2 \\
\times\ 13 \\
\hline
9.6 \\
3\ 2 \\
\hline
4\ 1.6
\end{array}
\qquad
\begin{array}{r}
3.2 \\
\times\ 13 \\
\hline
9\ 6 \\
3\ 2 \\
\hline
4\ 1.6
\end{array}
$$

师：你认为哪种竖式的写法好？为什么？

生：既然已经把小数乘法看成整数乘法了，就没有必要在过程中出现小数点，所以第二种方法比较好。

师：因为计算小数乘法时都是先当成整数乘法计算的，所以计算过程中的得数不需要点小数点，只是在最后的积里点上小数点，这样写竖式更简洁。

师：这个竖式对吗？

$$
\begin{array}{r}
3.16 \\
\times\ \ 15 \\
\hline
15\ 80 \\
31\ 6 \\
\hline
4.740
\end{array}
$$

生：不对，3.16×10就等于31.6了，乘15一定更大；而竖式的得数是4.74，这么小，一定是错的。

师：他用估算就能很快判别出是错误的，很好！还有别的方法吗？

生：先把3.16×100变成316，316×15=4740，因为刚才是"×100"，

积就需要"÷100"，4740÷100=47.4，所以4.74是错的。

师：他是根据因数的变化来确定积的小数位数的，也很好！大家再深入想一想，这个同学为什么会写成"4.74"呢？

生：我觉得他可能是先去掉"0"再点小数点了。

师：那应该怎么办呢？

生：应该先点上小数点，再去掉小数末尾的"0"。（师板书：先点"小数点"，再去掉末尾的0。）

师：请仔细观察刚才计算过的几道题，你有什么发现？

生：因数是几位小数，积就是几位小数。

师：确实有这个特点，大家再深入想一想，为什么"因数是几位小数，积就是几位小数"呢？

生：因为因数先乘10、乘100变成整数，最后按整数乘法算出的积要再除以10、除以100，所以积的小数位数就和因数的小数位数相同了。

【思考】在小数乘整数竖式计算的教学过程中，我们需要做到理法并重，不但要帮助学生理解算理，同时要明晰算法，即把小数乘整数看成整数乘整数来计算，整个过程都无需考虑小数点，直到得出整数乘整数的计算结果后，再考虑此结果实际代表的是多少个十分之一（或百分之一等），最后点上小数点。学生受年龄和认知水平所限，对这一算法的掌握仅仅借助两道小数乘一位数的例题是不够的，笔者补充了"判断正误"的针对性练习，通过集体探索、讨论、交流来强化学生的正确认知。教师连续的"追问"，促使学生不断深入思考，有助于实现对算理与算法的通透理解。

案例 5 **把握本质，深入浅出**

——"认识厘米"教学案例与思考

长度是几何度量领域的一个基本概念，长度测量不仅仅是拿刻度尺去量一条线段的长短，数学测量的本质是给每一条线段以合适的数，也就是说，长度具有"数"的基本属性，即找到一个合适的数对其数学属性进行描述，且具备"有限可加性""运动不变性"和"正则性"三个基本特征。那么，在"认识厘米"的教学中，怎样准确把握长度测量的数学本质，并通俗易懂地浅近展示呢？

教学片段一

师生谈话：咱们班哪个同学最高？哪个同学最矮？

请一高一矮两名学生来到黑板前，让全班同学仔细观察，并填空：

（　　）比（　　）高_____。

根据学生的回答整理如下：×× 比 ×× 高_____。（学生的答案有："很多""一些""一拃多""一头""15 厘米"等。）

问题：这么多不同的答案，你最喜欢哪一个？为什么？

【思考】"认识厘米"是在"比较物体长短"的基础上教学的。基于学生的经验，寻找"比较物"，促使学生比较发现"一些""很多"是不太明确的，而"一头""一拃多"虽然比较具体，但是对每个人来说，"一

038 | 我在小学教数学 <<<

头""一拃"长短不同，需要去统一。矛盾冲突让学生感受到学习长度单位是一种需要。这个过程符合儿童的认知——从具象到抽象，帮助学生完成了从无比较物到有"模糊的比较物"，再到有"标准比较物"的认知过程。

教学片段二

（让学生拿出自己的尺子，仔细观察。）

师：尺子上有什么啊？

生：有很多小道道。

师：小道道是一条一条的线。知道它叫什么吗？叫作刻度线（板书）。

生：尺子上还有好些数。

师：尺子上这些数里面，最小的数是哪个？

生：（齐答）0。

师：谁知道，0 在尺子上表示什么意思啊？

生：0 在尺子上表示开始的意思。

师：不错，0 在尺子上表示起点。我们在测量的时候，要以这个 0 作为起点开始测量。

生：尺子上有一个 cm。

师：知道 cm 是什么意思吗？

生：cm 是厘米的意思。

师：是的。你知道在尺子上，从哪儿到哪儿是 1cm 吗？

生：从 0 到 1 就是 1 厘米。

师：谁还能说一说，尺子上从哪儿到哪儿是 1 厘米？

生：尺子上从 2 到 3 是 1 厘米。

师：还有不同的说法吗？

生：尺子上从 9 到 10 是 1 厘米。

生：尺子上从 6 到 7 是 1 厘米。

生：尺子上从 5 到 6 是 1 厘米。

师：说了这么多句话，有什么共同的特点？从几到几是 1 厘米，能不能用一句话来说？

　　生：两个数字挨着的就是 1 厘米。

　　师：两个挨着的数之间的一段就是 1 厘米，找到数 4 了吗？

　　生：找到了！

　　师：从 4 到几是 1 厘米？

　　生：从 4 到 5 是 1 厘米。

　　师：大家来评价，对不对？

　　生：对！

　　师：谁还能说，从 4 到几是 1 厘米？

　　生：从 4 到 3 是 1 厘米。

　　师：有新意！一般人都习惯从左到右看依次往后，一说到 4，就往后想到 5，所以从 4 到 5 是 1 厘米。可是这个同学的想法与众不同啊，他不仅会顺着想，还会倒着想。从 4 到 3 也是 1 厘米。

　　师：请一个特别棒的同学，把这两句话结合在一起说。从 4 到几是 1厘米，要说完整。

　　生：从 4 到 5 是 1 厘米，从 4 到 3 也是 1 厘米。

　　师：她不仅能说完整，而且这个"也"字用得好！再请大家说一说，从 8 到几是 1 厘米？

　　生：从 8 到 9 是 1 厘米，从 8 到 7 也是 1 厘米。

　　师：现在请你自己比一比，用两个手指之间的空隙表示出 1 厘米。你觉得 1 厘米应该有多长？开始。

　　（学生讨论，互相比画。）

　　师：比好了吗？好了，不动，让同桌用尺子测量一下是不是 1 厘米。

　　（同桌合作，比画、测量。）

　　师：想一想，生活中哪些物体的长度大约是 1 厘米？

　　生：开关的宽大约 1 厘米，指甲宽大约 1 厘米，田字格的宽大约 1 厘米，图钉的长大约 1 厘米……

　　【思考】鲜活的表象是学生今后正确选择长度单位进行测量与描述的思维支撑，表象的建立依赖学生的亲身参与和体验。那么，如何将"1 厘米"的教学转变为学生对数学的体验过程呢？在上述教学中，精心设计了"看一看——直观感知尺子上的1厘米""说一说——还有哪两个数字之间的长度也是1厘米""找一找——从生活中找出长度大约是1厘米的物体"等活动，充分调动学生多种感官参与认知活动，让学生自己去经历、体验、想象，使抽象的单位变得可以体验感受，并形成1厘米的空间观念，从而加深对1厘米的认识。通过各个不同物体长度与1厘米的比较丰富了1厘米的表象，而这一体验过程不也是"长度的运动不变性"的证明吗？1厘米与指甲盖的宽度比较时，与田字格的边长比较时都没有发生变化。这种体验帮助学生在头脑中切实、清楚地建立起1厘米的长度概念和空间观念。

教学片段三

师：（出示米尺）同学们，这把长尺子上的1厘米和你用的短尺子上的1厘米一样长吗？

生：不一样长。

师：说说理由。

生：长尺子长一些，上面的1厘米就长一些。

生：不对，应该一样长。尺子长是因为上面的数多。

师：（追问）上面的数多是什么意思？

生：上面的厘米数多。

师：大家仔细观察一下，这把长尺子上一共有多少厘米？

（师带着学生数数，10、20、30、……100。）

生：100厘米。

师：这把短尺子上呢？

生：20厘米。

师：长尺子之所以长，是因为尺子包含的1厘米的数量多；短尺子之所以短，是因为尺子上包含的1厘米的数量少。来，我们把这两把尺子放在一起比一比，它们的1厘米一样长吗？（在实物投影上把两把尺子叠在一起看，发现两个 1 厘米能完全重叠在一起，是一样长的。）

师：看来，两把尺子上的 1 厘米是一样长的。再问问大家，北京的 1 厘米和上海的 1 厘米一样长吗？

生：一样长，因为 1 厘米是一样的。

师：想想看，如果 1 厘米不一样长，上海的长，你在北京的身高是 120 厘米，坐高铁到了上海去只需要几个小时，你就长高了？（众生笑）不可能长高得那么快吧？再想一想，中国的 1 厘米和美国的 1 厘米一样长吗？

生：一样长。

师：为什么全世界的 1 厘米都一样长？

生：因为尺子是按照同一个标准造的。

【思考】教师有意识地追问："这把长尺子上的 1 厘米和你用的短尺子上的 1 厘米一样长吗？""北京的 1 厘米和上海的 1 厘米一样长吗？""中国的 1 厘米和美国的 1 厘米一样长吗？""为什么全世界的 1 厘米都一样长？"这些提问隐含了长度的运动不变性，即两段能彼此重合的线段，虽然位置不同，但长度是一样的。在师生的对话交流中，学生清楚了 1 厘米的长度不会随着尺子的改变而改变，也不会随着位置的改变而改变，这对学生理解长度的意义是十分有益的。

测量时要使用长度单位，单位的统一主要是为了方便比较。从认为 1 厘米不一样长，到认可 1 厘米一样长，学生已经跳出了固有的经验，建立了单位标准。

案例 6 从"疑惑处"展开教学

——"真分数与假分数"教学案例与反思

如果在学习假分数之前让学生判断 $\frac{5}{4}$ 是不是分数，会有许多学生认为 $\frac{5}{4}$ 不是分数，理由是："把一个东西平均分成了 4 份，怎么可能取出 5 份 呢？"在学生的心目中：分数表示的是部分和整体的关系，部分只能小于 或等于整体，是不可能超过整体的。如下图，学生受先前经验的影响，已 经习惯于把几个圆看成一个整体作为单位"1"，许多学生认为该图表示的 应该是 $\frac{7}{8}$，很难理解成 $\frac{7}{4}$。

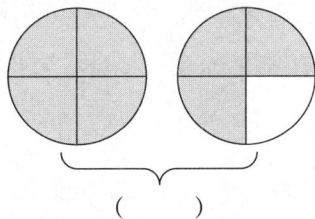

事实上，分数定义是：将一个整体平均分成 m 份，表示这样的一份或 n 份的数，叫作分数。这里对份数 n 没有限制，n 份能够比 m 份多，n 可 以是任何自然数。所有分数依照 $n < m$ 和 $n \geqslant m$ 的不同情形，分为真分 数和假分数两类。假分数也是分数，只是一些假分数可以化为一个整数和 一个真分数之和，而另一些假分数可以直接化为一个整数。因此，假分数

的"假"，就是因整数而产生的。假分数和真分数的差别只在一个整数上。但是，学生头脑里的分数却只是分子不大于分母那样的分数。这是学情和教学内容之间存在的矛盾。

面对学生的困惑，"真分数和假分数"该如何教学呢？是仅仅停留于观察比较分子和分母的大小，将分数分类为真分数和假分数这种形式化的教学，还是需要把分数意义进行进一步拓展和延伸，让学生准确把握真分数和假分数的本质特征呢？答案无疑应该是后者。那么，又该如何找到合适的问题和材料让学生体验假分数的产生过程，有效识破假分数之"假"呢？笔者进行了如下尝试。

出示：把（　　）张圆饼平均分给 4 个小朋友，每人分到多少张？

师：题目中并没有告诉我们具体分几张饼，我们就从 1 张饼分起。把 1 张饼平均分给 4 个小朋友，每人分到多少张？

（学生画图表示分饼的过程和分得的结果。）

生：$\frac{1}{4}$ 张。（师在实物投影仪上展示、讲解）

师：把 1 张饼平均分成 4 份，求 1 份是多少，该怎样列式呢？

生：$1 \div 4 = \frac{1}{4}$（张）。（师板书）

师：如果是分 2 张圆饼，每人一共分到多少张？

（学生独立思考，尝试画图、列式，然后全班交流。）

生：还是 $\frac{1}{4}$ 张。因为还是平均分成 4 份，每份就是 $\frac{1}{4}$ 张。（班里许多同学赞同这种想法）

生：我认为应该是 $\frac{2}{4}$ 张。因为第一张饼平均分成 4 份，1 份是 $\frac{1}{4}$，第二张饼平均分成 4 份，1 份也是 $\frac{1}{4}$，2 个 $\frac{1}{4}$ 加起来就是 $\frac{2}{4}$。

师：谁听懂他的意思了？

生：他的意思是每人一共分到 2 个 $\frac{1}{4}$ 张，所以是 $\frac{2}{4}$ 张。

师：现在你们认为谁的更有道理呢？

生：$\frac{2}{4}$ 有道理。

（课件演示：每人分到了 2 个 $\frac{1}{4}$ 张，一共是 $\frac{2}{4}$ 张。）

师：怎样列算式呢？

生：算式是 $2 \div 4 = \frac{2}{4}$（张）。（师板书）

师：如果是分 3 张饼呢？

生：每人分到 $\frac{3}{4}$ 张饼。

师：为什么？

生：因为每人分到了 3 个 $\frac{1}{4}$，就是 $\frac{3}{4}$ 张饼。（课件演示）

师：如果是 4 张饼呢？ 5 张呢？

（学生依次回答分 4、5 张圆饼相应分得的结果和算式。）

师：如果饼的张数继续增加，你还会分吗？

（引导学生分 6、7 张圆饼，依次板书算式和结果，形成整体板书。）

$$1 \div 4 = \frac{1}{4}$$

$$2 \div 4 = \frac{2}{4}$$

$$3 \div 4 = \frac{3}{4}$$

$$\cdots\cdots$$

$$7 \div 4 = \frac{7}{4}$$

师：请同学们从上往下观察这些算式，有什么发现？

生：被除数就是分子，除数就是分母。

师：原来分数与除法存在着一定的关系，这种关系我们可以用关系式

来表示：被除数 $\div$ 除数 $= \dfrac{\text{被除数}}{\text{除数}}$。（板书）如果用 a 表示被除数，b 表

示除数，分数与除法的关系还可以写成 $a \div b = \dfrac{a}{b}$，因为除数不能为 0，所以 $b \neq 0$。（板书）

师：继续从上往下观察这些分数，又有什么发现？

（引导学生一起发现：$\dfrac{1}{4}$ 就是 1 个 $\dfrac{1}{4}$，$\dfrac{2}{4}$ 是 1 个 $\dfrac{1}{4}$ 加 1 个 $\dfrac{1}{4}$ 产生的。以此类推，$\dfrac{3}{4}$ 是在 2 个 $\dfrac{1}{4}$ 的基础上加 1 个 $\dfrac{1}{4}$ 产生的，$\dfrac{4}{4}$ 是在 3 个 $\dfrac{1}{4}$ 的基础上加 1 个 $\dfrac{1}{4}$ 产生的。）

师：现在你明白 $\dfrac{5}{4}$ 这个分数是怎么产生的了吗？

生：就是 5 个 $\dfrac{1}{4}$ 相加产生的。

师：4 个 $\dfrac{1}{4}$ 是 1，所以也可以说 $\dfrac{5}{4}$ 是由 1 个 1 加 1 个 $\dfrac{1}{4}$ 组成的。还能继续加吗？1 个 1 再加 2 个 $\dfrac{1}{4}$ 就产生了——

生：$\dfrac{6}{4}$。

师：怎么得到 $\dfrac{7}{4}$ 的？

生：1 个 1 再加上 3 个 $\dfrac{1}{4}$ 就是 $\dfrac{7}{4}$。

师：如果继续累加上去，产生的分数就会越来越——

生：大。

师：现在你能把黑板上这些分数按照一定的标准分分类吗？试着分一分。

（学生独立思考，小组讨论后全班交流。）

生：$\dfrac{1}{4}$、$\dfrac{2}{4}$、$\dfrac{3}{4}$ 是一类，它们的分子都比分母小；$\dfrac{5}{4}$、$\dfrac{6}{4}$、$\dfrac{7}{4}$ 是一类，它们的分子都比分母大；$\dfrac{4}{4}$ 是一类，它的分子和分母相等。

（让学生看书自学，验证自己的想法。）

师：（归纳）像$\frac{1}{4}$、$\frac{2}{4}$、$\frac{3}{4}$等分子比分母小的分数叫作真分数；而像$\frac{4}{4}$、$\frac{5}{4}$、$\frac{6}{4}$、$\frac{7}{4}$等分子比分母大或者分子等于分母的分数叫作假分数。

【思考】原来的课堂大多数只是从形式上把握真分数与假分数，要求学生记住分类的标准就可以了，试图绕开学生的疑惑点。其实，堵不如疏。上述教学，以"平均分"为抓手，沟通"分数与除法"的关系，把"真分数与假分数"的概念与"分数与除法"内容进行整合，用除法算式表示平均分的过程，用分数表示平均分的结果，把分数单位作为生长点，在分数单位不断累加的过程中，让学生对假分数的意义有了比较深入的理解，并在"总分关系"基础上对分数的意义进行了拓展。

案例 7　任务驱动，变教为学

——"正比例"教学案例与反思

　　"正比例"的教学内容一般安排在六年级下册，主要是借助学生已有的知识和经验，通过生活情境让学生体会正比例的意义。其实，正比例和反比例并非全新的知识，其本质是对所有具有"两个量之积等于第三个量"的数量关系进行概括的数学模型。另外，在小学的最后阶段学习正、反比例，具有承上启下的作用：一方面应当体现对过去所学的相关数学内容的总结，另一方面应当为初中相关数学内容的学习奠定基础。因此，在教学过程中，不能将正比例所适用的情境仅仅定位于所谓的"生活情境"，还应当包含数学中的内容。比如圆的周长与直径（或半径）之间的关系就是典型的正比例关系。

　　"正比例"的教学，核心问题有两个："相关联的量"和"比值一定"。"相关联的量"是成正比例的量的上位概念，教师要结合具体情境引导学生体会两种变量之间的不变关系，理解"相关联量"的内涵。北京版教材中一共编排有三道例题：例 1 借助统计表和折线统计图，让学生体会"年龄与体重""月份与气温"之间的关系，初步感知"相关联的两种量"的含义；例 2 借助统计表，让学生体会"路程与时间"也是两种"相关联的量"，而且两种量相对应的比值一定，进而概括出"正比例的意义"及一般表达式；例 3 借助统计表和统计图，数形结合，让学生感受当单价固定不变的时候，"数量"与"总价"也是成正比例的，并体会正比例图像是一条直线。整体来看，教材编排内容丰富、图文并茂、层次清晰，有利于学生在比较、辨析中理解正比例的意义，比较适合学生自学。

基于此，笔者"变教为学"，先让学生在"自学导语"的驱动下自学教材，通过例题中几个材料的对比和辨析，以反衬正，以反激正，初步体会"正比例"的意义，解决自己能看懂的问题；再通过对话交流，释疑解惑，启发点拨，引导学生深刻理解"正比例的意义"，提升学生的思维水平。

教学片段一

课始，安排学生先自学教材相关内容，设计自学导语如下：

（1）看书自学时有什么看不懂、想不明白的地方吗？请在书上标注，并写出自己的疑问。

（2）想一想：例2中"路程与时间"的关系和例1中"年龄与体重""月份与气温"的关系相比，有什么相同点和不同点？

（3）在书上圈画出"正比例关系"的含义，你认为正比例关系需要符合哪些条件呢？

给学生留下充足的自学时间，教师巡视，解答学生的困惑，收集学生的典型问题。

【思考】学生自学，教师绝不是局外人。教师的主导作用发挥得如何，是学生形成自学能力的关键。在自学前要提出明确的自学要求，规定自学的范围、内容，提出阅读时需要思考的问题及注意点等，使学生学有目标，学有所依。同时，学生自学时，教师要随时获取反馈信息，对学生感到困难的问题及学生的质疑作出及时的点拨、启发与讲解，特别要注意学习有困难的学生，了解他们的学习障碍所在，帮助他们完成自学任务。

教学片段二

先让学生在小组内交流，与同学相互说一说对"自学问题"的想法，然后组织全班交流。

问题一：看书自学时有什么看不懂、想不明白的地方吗？

生：原先我看不懂"一定"的意思，刚才小组交流时同学给我讲了，"一定"就是"不变"的意思。

生：我看不懂"路程和时间相对应的比值一定"这句话，是什么意思呢？我们组讨论得也不是太清楚。

师：别的小组有谁能解答这个问题吗？

生：我理解是这样的，比如1小时行90千米，1小时就和90千米对应，2小时行180千米，2小时就和180对应，所以90应该除以1，180应该除以2，不能用90除以2，180除以1。

师：大家赞同他的解释吗？

生：赞同。

师：他讲得非常棒！行驶的路程和所用的时间是对应的，路程应该除以它对应的时间才等于行驶的速度。

问题二：例2中"路程与时间"的关系和例1中"年龄与体重""月份与气温"的关系相比，有什么相同点和不同点？

课件呈现：

（1）年龄与体重情况统计表。

年龄	出生时	6个月	1周岁	2周岁	……
体重/千克	3.4	6.2	10.5	13.4	……

（2）气温与月份情况统计表。

月份	1	2	3	4	……
气温/℃	−4.3	−1.9	5.1	13.6	……

（3）一辆汽车行驶的路程与时间情况统计表。

时间/时	1	2	3	4	……
路程/千米	90	180	270	360	……

生：相同点是它们都是相关联的两种量，一种量变化，另一种量也跟着变化。不同点是，随着年龄增加，体重并不是一直增加的，有可能还会减少，比如减肥成功了，还有可能体重好几年都不变，我爸爸就是这样的；气温和月份的关系也是这样，月份增加，气温并不是一直在增加，7月份之后，气温就会下降；但是，路程会随着时间的增加一直增加。

生：我补充，路程与时间的变化是有规律的，时间增加，路程也增加，时间减少，路程也减少；但是，体重随年龄的变化而变化，可能减少也可能增加，还可能不变，是没有规律的；气温随月份的变化是先增加后减少，不是一直增加的。

师：他们讲得有道理吗？

生：有道理。

师：后者提到了路程随着时间的变化是有规律的，有什么规律呢？

生：行驶的时间扩大几倍，走的路程也扩大几倍。比如，1小时变成2小时扩大了2倍，路程就由90千米扩大到180千米，也扩大了2倍。

师：确实有这个规律！再想一想，为什么时间扩大几倍，路程也扩大相同的倍数？这背后的原因是什么呢？

生：因为汽车行驶的速度不变。

师：速度不变？你怎么知道的？

生：$90 \div 1 = 90$，$180 \div 2 = 90$，$270 \div 3 = 90$……

师：这里的90表示什么意思？

生：速度。

师：还真是！汽车行驶的时间在变化，路程也随着变化，但是路程与时间的比值（也就是速度）是不变的，我们就说"路程与时间的比值一定"。

【思考】初步形成的知识巩固程度较差，最容易向邻近的知识、概念泛化。因此，在正比例概念刚刚建立之初，故意提供反例，通过正、反例的比较、思辨，反衬出正比例的特征：路程与时间的比值（速度）一定。以反衬正，以反激正，正比例的量的特征更加突出和鲜明。同时，典型反例的恰当提供，可以对错误防患于未然，把将发生而未发生的错误消灭在萌芽状态。

问题三：你认为正比例关系需要符合哪些条件呢？

生：我认为需要符合三个条件：一是"两种相关联的量"；二是它们的比值一定；三是一种量变化，另一种量也跟着变化。

（全班同学都表示赞同。）

师：（板书）（　　）÷（　　）=2，谁来说一说，括号里可以填哪些数？

生：10÷5=2。

生：8÷4=2。

……

师：观察这几组数，你有什么发现？

生：除数变大，被除数也变大；除数变小，被除数也变小。

师：除数变了，被除数也跟着变化。像这样一种量变化，另一种量也跟着变化，我们就说这两种量是相关联的量。也就是说，"两种相关联的量"已经包含了"一种量变化，另一种量也跟着变化"的意思，第一条和第三条可以合并为一条。

生：我还补充，两种量的变化方向相同。

师："两种量的变化方向相同"是什么意思？

生：也就是一种量变大了，另一种量也变大；一种量变小了，另一种量也变小。不能是一种量变大了，另一种量却变小。

师：有道理！还有补充吗？

生：应该是"两种量相对应的比值一定"，加上"对应"两个字。

师：这样就更严谨了！成正比例的量必须符合两个条件，一是这两种量必须是相关联的量，二是它们对应的比值必须是一定的。以路程和时间为例，因为路程和时间是相关联的量，而且路程/时间＝速度（一定），所以路程与时间成正比例关系，它们是成正比例的量。这就是我们今天学习的"正比例的意义"。（板书课题）

师：仔细观察一下，想一想，下面哪一幅图能表示路程和时间的这种关系？

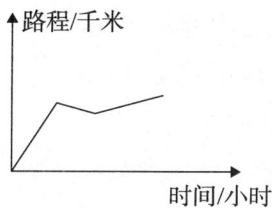

图1

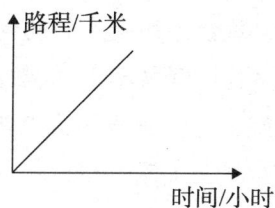

图2

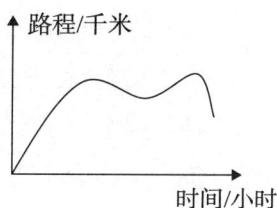

图3

生：第 2 幅图合适。因为第一幅图中时间变化，路程并不是一直增加的，第三幅图也是这样。

生：我也选第 2 幅图，因为路程随着时间的变化而变化，而且变化得很有规律，时间增加路程也增加，时间减少路程也减少。但是其他两幅图中的变化没有规律。

师：我们来验证一下刚才的想法。

出示：根据统计表中的数据描点，再把点连接起来，你有什么发现？

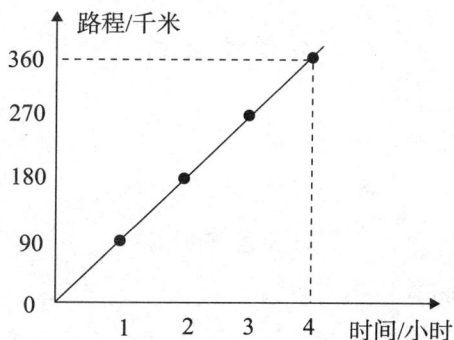

生：这些点在一条直线上。

师：是的，路程和时间之间的正比例关系用图表示就是一条直线，这条直线经过 0，直线上的每一个点都可以找到相对应的时间和路程，它们的比值一定。不计算，根据图像判断，如果汽车行驶 4 小时，行驶的路程是多少千米？

生：行驶 4 小时，行了 360 千米。

……

师：除了路程和时间，生活中还有类似的变中不变的规律吗？

生：买东西，买的越多花的钱就越多，但每件东西的价格是不变的。

师：这个例子举得真好！每件东西的价格叫作单价，买东西花的钱叫作总价，买多少东西叫作数量，大家觉得总价和数量成正比例关系吗？为什么？

生：因为总价和数量是两种相关联的量，而且总价 / 数量的比值一定，所以总价和数量成正比例关系。[师板书：总价 / 数量 = 单价（一定）。]

师：总价和数量成正比例关系，路程和速度也成正比例关系，类似的例子还有很多。如果用 x、y 表示两个相关联的量，用 k 表示它们的比值，正比例关系可以怎样表示？

[随生回答，小结并板书：$y/x = k$（一定）。]

【思考】教师围绕学习的关键点，不断提供有助于深层思考的问题（质疑、追问），增强学生对"正比例"内涵的理解。

教学片段三

（1）判断下面每题中的两种量是否成正比例。

①手机的价格一定，买的个数与所用的钱数。

②三角形的高一定，它的底和它的面积。

③李老师用掉的钱和剩下的钱。

④圆的周长和圆周率。

⑤圆的周长和直径。

先让学生试着总结判断成正比例的方法，再小结：一看（是否相关联），二算（是否比值一定），三判断（是否成正比例）。

（2）联想、判断。

①出示几本同样的数学书，追问：这几本数学书中有哪些量是一定的？

生：总页数、总价钱、本数、总重量、体积、厚度……

②你能想到哪些量成正比例关系？

生：数学书的体积和本数成正比例。

生：数学书的总价和本数成正比例。

生：数学书的总页数和本数成正比例。

生：数学书的厚度和本数成正比例。

生：数学书的总重量和本数成正比例。

……

【思考】将正比例所适用的情境由"生活情境"拓展到数学中的内容，完善学生对概念的认知。正例有利于丰富概念，反例有利于明晰概念。仅仅会背定义的学生往往对概念的理解水平很低，而运用概念去判断才能对概念的本质属性与非本质属性有透彻的认识。

案例 8 分析概念结构，促进有效建构
—— "认识周长"教学案例与反思

数学教学关注并促进学生构建良好的认知结构是至关重要的。所谓良好的认知结构主要包括两个方面：一方面，是指理解并清晰把握知识与知识之间的关系，即明确知识点之间内在的本质的联系，并在需要时能够灵活地调用、变通与转化，以解决数学问题，这是一种横向的、网络状的结构；另一方面，是指对于每一个知识，不仅要知道它的名称与定义，还应具备对它进行判断、计算与应用等各个层次的相应能力，能解决涉及该知识不同水平要求的数学问题，即拥有该知识从记忆到应用的丰富能力结构，这是一种纵向的、多层次的结构。良好认知结构的这两个方面，反映了数学思维的广阔性和深刻性，对数学概念的建构就应如此。

为此，概念教学绝不仅仅是让学生知道概念名称、记住定义，它需要教师在对概念的构成要素进行深入分析、充分把握的基础上设计有效的情境，选择合适的教法，促使学生全面、扎实地掌握概念。下面以"认识周长"为例加以说明。

"周长"概念的形成，应包含以下一些能力要素：一是知道周长的定义，能表述什么是周长；二是能用自己的语言正确描述或指出一个平面图形的周长；三是能根据周长的意义通过测量、计算等基本方法求出一个平面图形的周长；四是能应用周长的意义进行判断和推理，并解决数学问题。从布鲁姆的学习目标分类理论来看，周长概念的能力结构正好体现了"记忆、理解、掌握、应用、评价"的思维发展过程。

对于上述周长概念的几个能力要素，学生或多或少都有一定的知识经验，根据经验能够领会"一周"的意思。但这些经验往往是模糊的、直觉的、非数学化的。比如，学生虽然能够根据生活经验领会"一周"的含义，但远远没有达到"从某一点出发，沿图形边沿回到起点"的准确程度。再如，在学生眼中，观察到的往往是一个图形的整体，缺少对图形"一周"的关注，更缺少对"一周"的直观感知。学生认识周长的困难在于：一是对"周长"的概念内涵形成丰富认识与用规范的语言表达存在困难；二是形成"周长本质是线段长度"的认识存在困难，重要原因是学生在观察图形时，往往是图形的边线和图形的面同时看到，不易剥离，学生对于面的感知的直接经验对"周长"的学习带来了负迁移；三是对"平面图形所有（外围）边长总和"形成清晰认识存在困难。基于对学生上述经验基础与学习困难的分析，笔者试图通过以下三个环节来帮助学生克服学习困难：一是结合具体情境引导学生感知周长是一个与"形"有关的概念，这是因为周长是指图形一周的长度，图形的一周自然与图形本身紧紧连在一起。要将图形的"一周"从图形中剥离出来，使学生真正"看"到图形的一周，从而建立清晰表象。二是通过对周长的测量和计算理解周长还是一个与"数量"有关的概念，周长的本质就是线段长度，测量活动是学生感悟周长实际含义的有效方式。还可以用线绕图形一周之后，将线拉直，使学生真正看到，这条线的长度就是这个图形的周长。三是引导学生经历图形周长的计算过程以及周长与"面积"的对比过程，对"周长是图形一周所有边的长度总和"形成清晰认识，这是建立周长概念的关键一步。

教学片段一

师：今天这节课，我们来认识"周长"（板书课题）。知道"周长"是什么意思吗？

生：物体边线拉直的长度。

生：一周的长度。

师：是的，周长、周长，就是图形"一周的长度"（板书）。（出示数学书）谁能指一指数学书封面的"一周"？（一个学生从封面一个角上的一点出发指出封面的"一周"）

师：谁看清楚了，她是从哪个点开始的？指的时候注意了什么？

生：（上前边指边说）她从这个点开始，沿着边儿绕一圈又回到了这里。

师：指得真清楚，从一个点出发，沿着边缘绕一圈又回到起点就是"一周"。请大家拿起数学书，我们一起指一指数学书封面的一周。（全体学生动手指）

师：（追问）只能从这个角上的这个点开始吗？

生：还可以从其他三个角上的点开始。

（让一个学生上前指一指。）

师：（再追问）只能从这几个点开始吗？从其他点开始行不行？

生：可以的。（上前从一条边线上的一个点开始指，沿着边线绕一周又回到了起点）

师：刚才几位同学虽然指的起点不同，但是有什么是相同的？

生：都指了"一周"。

生：长度都是一样的。

生：都回到了起点。

（PPT 动态演示数学书封面的"一周"。）

师：在数学上，我们把数学书封面一周边线的长度叫它的周长。（板书）

师：（出示量角器）你能指出量角器一个面的"一周"吗？

（待学生上前指出后，教师用 PPT 演示量角器一个面的"一周"。）

师：你发现量角器一个面的一周与数学书封面的一周有什么相同点和不同点？

生：组成数学书封面"一周"的线是直线，量角器一个面的"一周"既有直线还有曲线。

生：相同的是它们都从起点出发，绕了一周又回到起点。

〔教师出示一个用毛根（一种手工制作材料，特点是可以随意弯折）围成的"非封闭图形"，如右图所示。〕

师：你能指一指这个用毛根围成的图形的"一周"吗？

（一个学生上前指，从起点开始，走到终点，但起点与终点无法重合。）

生：不同意，毛根的起点和终点没有重合。

生：应该是这样绕，（跑上前边指、边说）到终点时再沿着里面的线绕回去。

师：再绕回去？大家觉得行吗？

生：不行，不能再绕回去。只有像圆、长方形、正方形这样的封口的图形才有周长。

师：封口的图形在数学上叫作封闭图形，只有封闭图形才有周长。（板书：封闭图形。）

生：（齐读）封闭图形一周边线的长度就是它的周长。

【思考】周长首先是一个与"形"有关的概念，这是因为周长是指图形一周的长度，图形的一周自然与图形本身紧紧连在一起。因此，建立周长的概念，首先要建立周长的表象，也就是哪儿是"一周"，"一周"什么样儿。为此，精心设计了找"数学书封面"和"量角器一个面"的"一周"的数学活动，将图形的"一周"从图形中剥离出来，使学生真正"看"到图形的一周，从而建立清晰表象。同时，注重通过追问的方式让学生明晰周长概念的本质："只能从这几个点开始吗？""你发现量角器一个面的一周与数学书封面的一周有什么相同点和不同点？""你能指一指这个（用毛根围成的）图形的'一周'吗？"课堂追问有助于学生思维的步步深入，让课堂对话丰富而深刻，让学生对周长概念的本质有更深刻的理解。

教学片段二

（让学生用30厘米长的毛根围成一个自己喜欢的封闭图形，要让起点与终点重合。然后安排小组活动：互相指一指围成图形的一周，比一比这些图形有什么相同点？有什么不同点？）

生：我们发现，这些图形都是由30厘米的毛根围成的，但它们的形状是不一样的，而且它们围的大小也不同。

生：它们的周长都是一样的，都是 30 厘米。

师：（追问）你怎么知道它们的周长是一样的？

生：因为它们都是由 30 厘米的毛根围成的，我们可以把它展开拉直（边说边演示），它们的长度都是 30 厘米。

（学生纷纷竖起大拇指表示赞同。）

师：不管围成什么样的图形，把它拉直，图形的周长都是 30cm。

【思考】周长的表象是借助封闭图形表现出来的，后面将要学习的面积的表象也要借助封闭图形表现出来，通常学生建立起的周长和面积表象比较模糊，以为都是那个封闭图形，所以部分学生难以区分周长和面积。为此，我们要帮助学生建立起正确的周长的表象——一周边线的长度，以区分于将来学习的面积的正确表象——图形的大小（图形里小方格的个数）。设计用同样长度的毛根围成封闭图形的活动，目的就是帮助学生建立起正确的周长的"形"的表象。周长的"形"既可以千变万化，也可以九九归一。千变万化是指学生围出的封闭图形各种各样，充满了创意，九九归一是指那些毛根的长度都相等，让学生在活动中发现，不管围成的封闭图形的形状如何，它的周长都是所用毛根的长度——30 厘米。用相同的"数"对"形"进行描述刻画，学生对周长的"形"的理解将更为深刻。

教学片段三

（让学生分别测量并计算数学书封面和量角器一个面的周长，测量时取整厘米数。）

师：下面我们进行小组合作，任选一个图形测量周长。测量之前先想一想：①要测量图形的几条边？为什么？②怎样测量？

（学生合作测量、讨论，然后全班交流。）

师：我发现许多同学对测量量角器一个面的周长有困难，难在哪儿呢？

生：弯的线怎么量啊？

师：谁有好办法？

生：可以用弯的尺子量，我们家就有一个弯的尺子。

生：还可以用一根绳子绕在弯的线上，绳子要跟弯的线对齐，然后再把绳子拉直就可以用尺子量长度了。（他的发言赢得了全班同学的掌声）

师：这个方法确实很棒！数学上把这种方法叫作"化曲为直"（板书）。这个弯线的长度就是量角器一个面的周长吗？

生：不是的，还要再加上下面这条线段的长度才是它的周长。

师：量角器一个面的一周包含有一条弯线和一条线段，这两条线的长度之和是它的周长。哪个组测量的是数学书封面的周长？测量了几条边呢？

生：我们组测量的是数学书封面，用尺子测量了 2 条边，因为上下的两条边是相等的，左右的两条边也是相等的，所以都乘以 2，再把得数加起来，结果是 88 厘米。

师：现在我们来总结一下，怎么求一个平面图形的周长呢？

生：如果这个图形所有的边都相等的话，只需要测量一条边，再数出它有几条边，然后相乘就可以算出它的周长。

师：如果一个图形的几条边不相等呢？

生：那就把它的所有边长都量出来，再相加求和就行了。

【思考】从本质上讲，周长是一个与"数量"有关的概念，也就是说，周长不是指图形一周的形状，而是图形一周的长度，是可以量化的。因此，建立周长概念绝不能仅仅停留于建立表象，而应该进一步用长度这一数值来进行刻画描述，使学生领悟到周长是可测的，它等于图形一周所有边的长度之和，这是建立周长概念必不可少的、关键的一步。上述教学中让学生实际测量的活动，能够让学生建立这样的数学活动经验：周长与长度有关，周长就是一周边线长度之和，这是周长的"形"的本质。在测量曲线的长度时会出现困难，"化曲为直"的数学思想得到自然渗透，同时学生测量长度的活动体验也更为深刻。

教学片段四

（沿着对角线把正方形分成两部分，如右图所示。）

师：你认为哪个部分的周长更长一些？为什么？

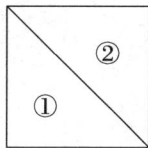

生：一样长，因为图①和图②一样大。

师：能不能从"周长包括哪几条边"的角度说说理由？

生：图①的一周有 3 条边，图②的一周也有 3 条边，对边相等，中间的斜线也相等，所以它们的周长相等。

（随着该生的讲解，教师用课件配合演示。）

（沿着对角的折线剪开，分成两部分，如右图所示。）

师：哪个图形的周长要长一些？为什么？

生：图②的周长要长一些，因为图②比图①大。

师：（质疑）图②比图①大，图②的周长就会长一些？真的是这样吗？讨论一下。

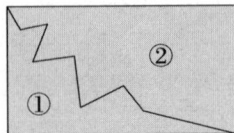

（学生小组讨论，然后全班交流。）

生：我们组讨论后认为图①和图②的周长一样长，因为图①的一周有 3 条边，图②的一周也有 3 条边，对边相等，中间的折线也一样长，所以周长一样长。

师：可是看起来图②比图①要大一些呀！

生：周长是图形一周的长度，不是图形的大小。

生：周长的长短跟图形的大小没有关系。

【思考】在周长概念建立之初就对比"周长"与"面积"这两个相似易混的概念，在辨析中明确了"周长的长短跟图形的大小没有关系"，促进了学生对周长概念的深刻理解。

2

素养导向，引发深度学习

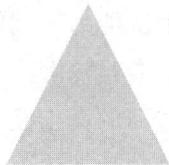

引言 素养导向下的深度学习

课标中与数学知识学习有关的四个行为动词是：了解、理解、掌握和运用。"了解"可以通过记忆、复制、机械训练与灌输式的方式达成，却无法提升到"理解"的层级。知道事实≠理解，会背概念≠理解，会做题也≠理解。真正的理解和应用是"教"不会也"练"不出来的能力。学生的数学学习只有成为深度学习，核心素养才能得以形成和发展。那么，什么是深度学习呢？深度学习是一种主动的、探究式的、理解性的学习，是指学习者以高阶思维的发展和实际问题的解决为目标，以整合的知识为内容，积极主动地、批判性地学习新的知识和思想，并将它们融入原有的认知结构中，且能将已有的知识迁移到新的情境中的一种学习。可见，深度学习的重点在于关注学生的学习过程，要求学生主动地建构知识意义、将知识转化为能力并迁移应用到真实情景中来解决复杂问题，进而促进学习者元认知能力、问题解决能力、批判性思维、创造性思维等高阶能力的发展，即促进知识向核心素养转化。

为促成学生深度学习的真正发生，需要不断追问和发掘学习内容的教育价值，把教师理解的数学转化为学生感兴趣的数学活动，组织学生围绕知识的本质内容展开数学探究活动，并与"四能"的培养相结合。

一、创设情境，以启发性问题激发"火热的思考"

核心素养是在特定情境中表现出来的知识、能力和态度，只有通过合适的情境才有利于学生感悟、理解、形成和发展核心素养。另外，通过适当的情境设置可以有效地调动学生已有的经验和知识，从而为新的学习提供必要的基础，还可帮助学生更好地认识数学学习的意义。

例如，教学"同分母分数加减法"，$\frac{2}{7}+\frac{3}{7}$的结果是$\frac{5}{7}$还是$\frac{5}{14}$？学生争论不休。教师创设情境：学校图书室新近一批图书，被五年级同学借走了$\frac{2}{7}$，被六年级同学借走了$\frac{3}{7}$，一共借走了这批图书的几分之几？学校的图书只有7份，没有另外的7份，所以结果是$\frac{5}{7}$。情境化的学习使得学生统一了认识，在其后的作业中也获得了极高的正确率。

一个如此简单朴素的情境，何以取得这么好的教学效果呢？关键是这个情境中蕴含的"事理"（图书只有7份，没有另外拿来7份）与数学上的"算理"（加的过程中，分数单位不变，所以分母不变）相吻合、相统一，运用"事理"能够很好地解释"算理"。

当然，数学教学中的"情境设置"不应唯一地被理解成"生活情境"。更进一步，相对于纯粹意义上的"创设情境"而言，数学教学应当更加重视"问题"的引领作用。问题是数学的心脏，只有好的问题才能引发学生的积极思考。没有思维的参与，就没有真正的数学学习。从这个意义上讲，一个情境是否合适取决于所提出的问题能否揭示数学的本质，能否激起学生的困惑、疑问和需要，从而激发"火热的思考"。

以"比例尺"教学中的"情境创设"为例：

师：这个周五我们就要去首都博物馆（以下简称首博）游学了，大家知道学校离首博有多远吗？课前老师特意查了一下，大约有30km。（板书：实际距离30km。）你能在作业纸上画一条线段来表示30km吗？想一想，怎么能让别人明白这么短的一条线段代表的是30km呢？能不能在线段旁边写个"说明书"呢？

（学生独立思考，在纸上画线段，然后全班交流。）

出示方法一：

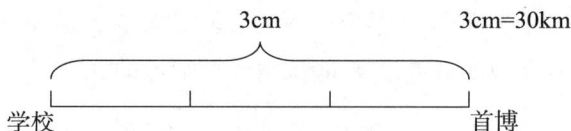

生：我画了一条 3cm 长的线段，代表 30km。

师：大家觉得这种写法怎么样？

生："3cm＝30km"不正确，应该写成"3cm 代表 30km"。

（全班同学对这一建议纷纷表示赞同。）

师：有道理！3cm 代表 30km 其实就是 1cm 代表 10km，还可以用比来表示，写成 1cm∶10km。把单位统一，写成 1cm∶1000000cm，再把单位去掉，就是 1∶1000000。这里的 1 表示的什么？1000000 呢？

生：1 表示图上的距离，1000000 表示实际的距离。

师：这个比又叫作比例尺。（板书：比例尺＝图上距离∶实际距离。）因为它是用两个数来表示的，就叫作数值比例尺。

出示方法二：

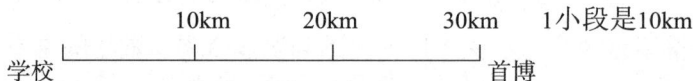

生：我也是把线段平均分成 3 段，每小段表示 10km。

师：大家觉得怎么样？有什么建议吗？

生：这样表示很清楚！我还有个建议，咱们原来学的数轴是从 0 开始，可不可以在线段的最左端第 1 个点标上 0km，第 2 个点标上 10km，然后是 20km、30km？

（很多同学赞同这一想法。）

师：好建议！数学是追求简洁的，单位名称只在最后写一次就行了。（修改后如下图所示）图上一小段是 1cm，代表实际的 10km，2cm 代表 20km，3cm 代表 30km。这是一种用线段表示的比例尺，叫作线段比例尺。

0   10   20   30km

生：我是把线段平均分成 6 段，每小段是 1cm，代表 5km。

1cm 代表 5km

师：也挺好！怎样改成数值比例尺和线段比例尺呢？试着写一写、画一画。

（学生在练习本上试着改写，然后汇报。）

生：先把它写成 1cm：5km，再转化为 1：500000。

生：改成线段比例尺。

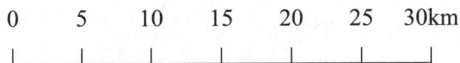

0   5   10   15   20   25   30km

……

上述教学，以师生谈话的方式创设了一个真实的生活情境，提出一个富有启发性的问题："你能在作业纸上画一条线段来表示 30km 吗？想一想，怎么能让别人明白这么短的一条线段代表的是 30km 呢？能不能在线段旁边写个'说明书'呢？"启发性问题激活了学生的思维，激发了学生的主动参与和深度思考，学生创造出了不同方式的"比例尺"，从而对比例尺产生的必要性以及知识本质有了更深刻的理解。

二、提供机会，让学生在探索与体验中学习

深度学习是一种基于理解的学习，学生的深度学习，必然指向理解性学习、探究性学习。教学中，要给学生创造宽松的课堂氛围，从"牵引"走向"开放"。要让学生先独立思考，不要直接给出问题的思考思路；不要轻易否定学生的想法；要适时把个别学生提出的有价值问题或想法呈现给其他学生，让大家共同交流和探究；关注学习过程中的体验活动，让学生亲历和感悟，数学地交流与表达、数学思想等素养才能落地生根。

比如，教学"小数的性质"，课前调研发现，学生已经会用直观图表示小数，也能结合生活经验，借助人民币单位或长度单位的换算来理解小数的意义，因此教学时充分放手，让学生自主探究"为什么 0.3 与 0.30 相等？"

生：我是通过画正方形找到 0.3=0.30 的。

生：我画了一条数轴，然后在上面找到 0.3 和 0.30，正好在同一个点上，所以 0.3=0.30。

生：我画了两条线段，一条长 3 厘米，一条长 30 毫米，3 厘米是 0.3 分米，30 毫米是 0.30 分米，所以 0.3=0.30。

生：我是借助元、角、分的单位进行换算的。0.3 元 =3 角，0.30 元 =30 分，3 角 =30 分，所以 0.3=0.30。

师：仔细观察这几个例子，它们有什么相同点吗？

生：我发现这几个例子中的进率都是 10。

师：是的，我们所学的数都是十进制的数，虽然在小数 0.3 的末尾添上了一个 0，但计数单位却从十分之一变成了百分之一。

生：哦！我明白了！0.3 是 3 个十分之一，0.30 是 30 个百分之一，3 个十分之一就是 30 个百分之一。所以 0.3=0.30，小数的大小没有变。

上述几个同学的方法各不相同，有的画正方形，有的画数轴，有的利用长度单位或人民币单位讲理由，笔者引导学生对这些感性材料进行对比分析，有效地促进了新知的抽象、概括，从而加深了对"小数的性质"的理解。

事实证明，核心素养是学生自己"悟"出来的。让学生深度参与学习活动，在解决一系列问题的过程中形成理解与感悟，才是核心素养真正落地的正途。

三、整体把握，以联系的观念指导教学

深度教学之"深"，不是"深奥难懂"，不是把以后要学的知识提前来学，而是把所学知识与学科内容的其他领域知识、其他学科知识或真实的生活情境进行适当联接，展现数学知识的本质与核心。

为此，教学设计应当从全局出发，用"联系"的观点指导具体的教学：一方面是把"新"内容与学生已经熟悉的内容建立联系，实现"化未知为已知"；另一方面，要从一节一节的课时教学中跳出来，紧紧抓住"核心知识"，透过知识的"不同"让学生看到知识之间的"相同"，进而把具有逻辑联系的、零散的知识恰当整合，突出知识的"魂"。

　　以"万以内的加减法"为例，这个内容涉及不进位加法、进位加法、连续进位加法、不退位减法、退位减法、连续退位减法等内容。深度学习的教学设计应当从整体上分析这些内容，将关键的数学思想等核心素养贯穿各具体内容的教学过程之中。学生在学习这些内容的过程中，不仅掌握具体的知识、技能，而且体会这些知识、技能所体现和运用的思想与方法。学生具体掌握的是类似"数位对齐""满十进一""个位上的数不够减向十位借一当十"等具体运算方法，而在教学中，更需要使学生了解这些算法背后的算理。理解算理就要回到对"数的意义"的理解，整数的表示采用十进制计数法，一个整数从右到左是个位、十位、百位，个位上的 3 表示 3，十位上的 3 表示 30，百位上的 3 表示 300。相同数位上的数相加减的本质是相同的计数单位可以相加减。而"满十进一"的算理是相邻计数单位间的进率是十。从不进位加法到进位加法的教学，始终体现这样的算理，学生就会一通百通。学习的不是一个个单一的知识、技能，而是学习解决一类问题的方法，进而形成与之相关的运算能力等数学核心素养。

　　再如，长方形、平行四边形、三角形、梯形和圆的形状各异，它们的面积计算公式也各不相同。在学生看来，这些公式往往是彼此孤立的，他们很难体会到这些公式之间的内在联系。怎样才能将这些公式融会贯通呢？

　　笔者以梯形的面积公式 $S=(a+b)h\div2$ 为根基，引导学生对 $S=(a+b)h\div2$ 作如下分析：

　　当 $b=0$ 时，即三角形的面积公式：$S=ah\div2$。

　　当 $a=b$ 时，即平行四边形的面积公式：$S=ah$。

　　当平行四边形有一个角为直角时，即长方形的面积公式：$S=ab$。

　　当三角形的底为 $2\pi r$，高为 r 时，那么，$S=2\pi r\times r\div2$，即为圆的面积

公式：$S = \pi r^2$。

经过这种"数学化"的演绎，学生会有一种豁然开朗、醍醐灌顶的通透感。从"一题一法"到"通则通法"，引导着学生不断进行数学抽象、数学推理、数学建模，不断基于高观念来审视知识之间的内在联系，引导学生养成高屋建瓴地看问题的意识，这对学生数学素养的提升是一种很好的启迪与引领。

四、互动对话，构建以"倾听与对话"为基础的学习共同体

学习一定是在积极的关系中发展起来的，为此，应当建设充满人文关怀的课堂文化，具体体现为对生命的理解和尊重，对智慧的激发和启迪，对能力的培养和提升。

互动与对话应该成为教学的基本过程，教学中，所有学生的积极参与都是受到鼓励和重视的，教学始终保持师生之间、学生之间的"互动"和"对话"，而不总是只有一个声音。教师不要把答案"写"在脸上或表现在语气中，尽可能地"引出"学生的真实想法，给各种基于思考的观点与想法提供碰撞的机会，尊重学生个性化的表达。"严格的不理解，不如不严格的理解。"提倡质疑问难，尊重学生的观点、问题和贡献，尊重学生学习的"路径差"和"时间差"。教师不仅自己要有对错误的宽容之心，还要教育全体学生正确地看待"错误"，认识到人人都会犯错误，更要用事实让学生看到，错误常常是进步的开始。课堂中，要使学生能够轻松自由地表达真实想法，师生之间表现出对彼此的尊重与友善。

应当摒弃"打乒乓式"和"集体作业式"的互动方式，教学中的互动要真正促进学生思维的优化。教师在课堂上的作用是学生之间思想互相沟通的桥梁和纽带，是众多学生各种独特思想和方法的"功能放大器"，是让学生产生想法、产生认知冲突、产生思维碰撞的人。

"教师之为教，不在全盘授予，而在相机诱导"（叶圣陶语）：

或是对学生精彩想法的"放大"；

或是让学生模糊不清的表达变得明晰；

或是使学习内容的重点更加聚焦；

或是对学生学习困惑的关注；

或是对"方法"的提炼、"思想"的感悟；

……

比如，教学"认识正方形"，要求学生用折纸的方法验证正方形四条边都相等。对边相等比较容易验证，难就难在邻边相等。结果真有一位学生想出来一种方法并演示给大家看。此时，老师应该如何评价呢？不能只是一味地表扬这个孩子"聪明"，而应进行引导式评价："你们觉得好，就请照着这种方法试一试。"这既是对学生很好的一种肯定，也让"好方法"得以在全班推广。

五、引导反思，帮助学生学会思维、学会学习

数学教育的一个基本目标是促进学生思维的发展，数学思维的发展主要是指由较低层次上升到更高层次。但是，"只要儿童没能对自己的活动进行反思，他就达不到高一级的层次"（弗赖登塔尔语）。反思，是指一个人对自己的思想和行为进行检验与再认识的过程。反思对学生学会学习和培养自我调控的意识、能力都是非常重要的。它既是一种思维形式，更是一种学习习惯和能力。因此，教学中，要有意识地提供给学生反思自己学习的机会，帮助学生养成"长时间思考"的习惯与能力，帮助学生借助反思更有效地发展思维。

学生反思习惯和反思能力的培养，并不是一蹴而就的，需要将它融入到学习的各个环节中去，大胆留给学生反思的空间与时间。比如，让学生参与探究学习活动时，需要让学生经历"体验—反思—感悟"的过程，引导学生在与他人的交流中学会批判性反思"别人的做法与我的有什么不同""我能吸取哪些好的方法和经验"，促使学生不断修正、完善自己的想法；在一道题的分析解答结束之时，引导学生反思"解答这道题需要注意些什么""有什么窍门吗"，帮助学生从中回味、领悟；在一个数学活动告一段落之际，引导学生反思"刚才我们做了什么""我们是怎么做的"；在课堂学习临近结束之际，引导学生反思"这节课我们学习了什么，得出了什么结论""我们是怎样得出这个结论的，经历了哪几个步骤""在学习过

程中，我们用到了哪些方法""有什么学习体会"等，促进学生学习经验的内化。

又如，在"探究规律"的学习结束之后，教师引导学生回顾探索和发现规律的过程，让学生说说自己的体会。学生提到的"要多写一些算式，并进行比较，才能发现规律""要注意从不同的算式中发现共同的特点""我觉得举例和验证是发现规律的好方法"等等，都是重要的学习经验，这些经验经过反思、积淀之后都将对学生的后继学习和发展产生积极的影响。

每个人都是在不断反思中成长起来的。素养导向下的数学教育，需要真正让学生养成反思的习惯，使之成为一种自觉行为，并从反思中领悟到学习的真谛。

案例 1　让素养在知识建构中生长
——"路程、时间与速度"教学案例与思考

　　《数学课程标准》（2011 年版）中对这一内容的教学要求为"在具体情境中，了解常见的数量关系——路程 = 速度 × 时间，并能解决简单的实际问题"。"在具体情境中"这一前提条件说明教学不能脱离具体的情境空谈数量关系，学习材料的选择要贴近生活，贴近儿童，要将数量关系的学习建立在学生的经验基础之上，通过呈现富有启发性的现实情境，让学生用数学的眼光去寻找、发现数量之间的关系。另外，教学"速度"概念及其数量关系，以往的设计大多满足于引出"速度"概念、规范"速度单位"的书写和归纳数量关系，重心放在了"双基"的落实上。能否在让学生深刻理解数学内涵的同时，借助情境加强推理素养等核心素养的培育呢？

　　基于上述思考，笔者做了如下教学尝试。

教学片段一

出示：

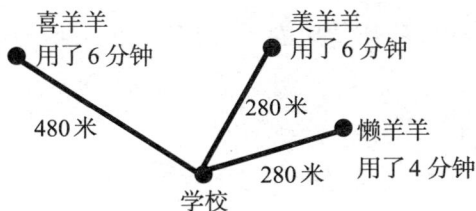

师：仔细观察，题目中告诉了我们哪些信息？你能提出什么数学问题呢？

生：喜羊羊 1 分钟走多少米？

生：喜羊羊和美羊羊谁走得快？

生：它们三个谁走得最快？谁最慢？

……

（师生选择"它们三个谁走得最快？谁最慢？"这一问题，让学生先独立思考，尝试计算，然后组织全班交流。）

生：喜羊羊和美羊羊用的时间都是 6 分钟，但是喜羊羊走的路程长，所以喜羊羊比美羊羊快。美羊羊和懒羊羊都走了 280 米，美羊羊用的时间长，所以懒羊羊比美羊羊快。

生：比较喜羊羊和懒羊羊谁快，可以列算式，480÷6=80（米），280÷4=70（米），80＞70，所以喜羊羊比懒羊羊快。

师：80＞70，你们在比什么？

生：比的是"1 分钟走的路程"，70 米是懒羊羊 1 分钟走的路程，80 米是喜羊羊 1 分钟走的路程。

师：把 480 米平均分成 6 份，其中的 1 份就是喜羊羊"1 分钟走的路程"，把 280 米平均分成 4 份，其中的 1 份就是懒羊羊"1 分钟走的路程"，我们可以在线段图上表示出来。

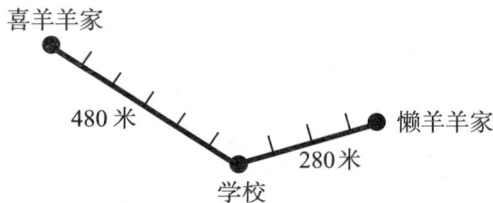

师：1 分钟走的路程叫作"速度"。谁来归纳一下，我们是怎么求速度的？

生：路程 ÷ 时间 = 速度。（师板书）

师：计算"速度"其实就是把"时间不同"转化为"时间相同"。现在能比出谁最快，谁最慢吗？

生：能。因为刚才已经知道了喜羊羊比美羊羊快，懒羊羊也比美羊羊快，说明美羊羊最慢；喜羊羊又比懒羊羊快，所以喜羊羊是最快的。

板书：

$$喜羊羊 > 美羊羊 \brace{}$$
$$懒羊羊 > 美羊羊 \brace{} \quad 美羊羊最慢$$
$$喜羊羊最快$$
$$喜羊羊 > 懒羊羊$$

【思考】学生的数学学习是以经验为基础的。学生的数学学习过程就是一个经验的激活、利用、调整、提升的过程，是建立在经验基础上的一个主动建构的过程。"路程、时间、速度"这三个数量中，"速度"是最难理解的，但却是最核心的。教学中，注重把抽象的"速度"概念与学生熟悉的"比快慢"生活经验紧密联接，将教师的"学术"经验与学生对"速度"的已有经验对接，教师进入学生的话语系统，进入学生的思维系统，师生深度对话，有效促进了学生数学素养的提升。与此同时，上述以解决问题"谁跑得快"为载体的教学过程，在实现基础知识教学目标的同时，让学生经历了一系列用口头语言表达的演绎推理活动，在基础知识教学中落实推理素养的培育得到了充分的展现。

教学片段二

出示：

（1）"神舟十一号"飞船在太空中 5 秒飞行了约 40 千米，"神舟十一号"飞船的速度约是（　　　　）。

（2）张老师骑自行车，2 小时行了 16 千米，张老师骑自行车的速度是（　　　　）。

（学生独立思考，列式计算，然后全班交流。）

生：40÷5=8（千米），16÷2=8（千米）。

师：（故作惊讶地）哎呀！我发现张老师骑车的速度真快呀！竟然和"神舟十一号"飞船的速度一样，都是8千米。

生：（笑）他们的速度不一样！"神舟十一号"飞船的速度是每秒8千米，张叔叔骑车的速度是每小时8千米。

师：可是，从算式的得数和单位名称上看不出来它们有什么不一样啊，都是8千米呀！你能想个办法把这两个8千米区分开吗？

（学生先独立思考，在练习本上写出自己的想法，然后全班交流。）

生：可以在8千米前面分别加上"每一秒"和"每小时"。

师：添上"时间"，就能把两个"8千米"区分开了，真是个好办法！数学就是追求简洁的，还能写得再简洁些吗？

生：可以在"千米"后面直接添上"秒"和"小时"（在黑板上书写：千米秒、千米时）。

（不少学生对该生的写法提出了异议：不行！"千米秒"不通顺。）

生：我有办法！〔跑上前在黑板上写出了自己的想法：8（千米）秒和8（千米）小时。〕

师：你为什么把秒和小时写到括号外面呢？

生：这样就不会把"千米"和"秒"混在一起了。

师：大家真了不起！为了区分两个"8千米"，大家动脑筋想出了这么多好办法！而且大家的想法已经非常接近数学家的方法了，数学家们是在"千米"和"秒"之间加个"/"加以区分。（板书：8千米/秒，8千米/时）。不知道你发现了没有，速度的单位很特别，谁能发现它特别在哪儿？

生：哦，我知道了，速度单位包含有两个单位名称。

师：（追问）哪两个单位名称？

生：千米、秒或者千米、时。

师：是的，速度单位是由长度单位"千米"和时间单位"秒""时"复合而成的。你觉得速度单位中的"/"除了把"千米"和"秒"分开之外，还相当于什么符号？

生：相当于"÷"。

生：我在我们家的计算器上见到过用"/"代表"÷"。

师：从速度的单位也能看出路程、时间和速度的关系是——

生：路程 ÷ 时间 = 速度。

……

【思考】速度单位和速度的意义紧密相连，因为速度是单位时间内运动的路程，所以速度的单位一般写作"长度单位 / 时间单位"的形式，这样的复合单位学生第一次接触，需要结合具体情境来理解。

在上述教学中，教师通过让学生计算"神舟十一号"飞船的速度和张叔叔骑车的速度，发现得数都是"8千米"，顺势引导学生思考"张叔叔骑车的速度是不是跟'神舟十一号'一样快呢"，由此引发学生产生新的疑问，产生强烈需要区分这两个"8千米"的需求。学生经过思考之后，自然而然地想到速度单位不能只用路程的单位来表示，还与时间有关，从而建立起复合单位的意识，这样的教学让学生充分经历了知识的"再创造"过程，有效地突破了复合单位的难点。在促进学生对数量关系的理解的同时，抽象、推理素养与创新意识的培育也落在了实处。

案 例 ② 　在活动中突出数学思考

——"公倍数和最小公倍数"教学案例与思考

以学科核心素养的角度来审视学科的价值，不能不处处想到思维。布鲁纳提出："对一门学科而言，没有什么比其思维方式更核心的了。对学科教学而言，没有什么比尽可能早地提供机会，让儿童学习其思维方式更重要的了。"因此，数学教学活动应注重引发学生的数学思考，以活动促思考，用思考引活动。所谓数学思考，就是在面临各种现实的问题情境，特别是非数学问题时，能够从数学的角度去思考问题，也就是能够自觉应用数学的知识、方法、思想和观念去发现其中所存在的数学现象和数学规律，并能够运用数学的知识和思想方法去解决问题。

数学思考是学生进行数学活动的核心，通过引导学生在活动前思考，在活动中感悟，在活动后反思，鼓励学生的创造性思维，促进学生对知识本质的理解和数学素养的提升。下面以"公倍数和最小公倍数"为例加以说明。

教 学 片 段 一

游戏活动导入：黑板上贴着 1—15 这些数，从中找出 2 的倍数，将它们贴在左边的圆圈中，找出 3 的倍数，贴在右边的圆圈中，要求不能漏掉合适的数。

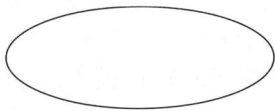
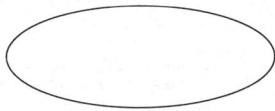

（请两名学生到黑板前贴数，其他学生观察、评判。在贴数的过程中，两人争抢6和12。）

师：黑板上还有1、5、7、11、13这些数，为什么不贴进圆圈里，反而要争抢6和12呢？

生：因为那些数既不是2的倍数，也不是3的倍数，而6和12既是2的倍数也是3的倍数。

师：有没有一个两全其美的办法，使抢数的双方都能满意呢？

（学生讨论，全班交流。）

生：移动两个圈，使两圈交叉，把6和12贴在交叉部分里。

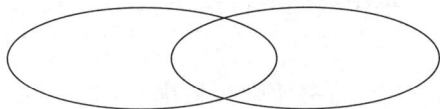

师：这个图以前好像在哪里见到过？

生：重叠问题。

师：记得真清楚！确实在三年级学习的"重叠问题"中出现过，如果C既属于A圈，又属于B圈，就把A圈和B圈交叉重叠一部分，把C填到A圈和B圈的重叠部分中去，表示C是A圈和B圈共有的。

【思考】通过创设具有挑战性和趣味性的"贴数游戏"活动，引发学生在游戏中发现：大家都在争抢6和12这两个数，却都让出"1、5、7、11、13"这些数。以此引发学生在"抢"和"让"后积极思考，反思"为什么"，初步感知6和12是2和3共有的倍数，唤醒关于"重叠问题"的知识经验。

教学片段二

师：6和12既是2的倍数，又是3的倍数，它们就是2和3的公倍数。（板书：公倍数。）如果不只是这15个数，还能继续往下贴吗？（依次往黑板上贴16、17、18、19、20、21等数字卡片）这几个数该贴在哪个圈里呢？

（师生共同讨论，确定贴的位置。重点讨论18的位置，因为18既是2的倍数，又是3的倍数，是2和3的公倍数，所以贴在两圈重叠的部分。）

师：2的倍数和3的倍数，还能继续往下贴吗？贴得完吗？为什么？

生：贴不完，有无数个呢！

师：为什么说有"无数个"呢？

生：因为2和3倍数的个数是无限的，所以，它们公倍数的个数也是无限的。

师：这些公倍数中最小的一个是几？

生：是6。

师：6就是2和3的最小公倍数（板书）。2和3有最大公倍数吗？

生：因为2和3的公倍数的个数是无限的，所以2和3没有最大的公倍数。

师：仔细观察，想一想，2和3的最小公倍数与它们的公倍数有什么关系？

生：两个数的公倍数分别是最小公倍数的1倍、2倍、3倍……

【思考】教师的工作是通过向学生问他们应当自己问自己的问题来对学习和问题解决进行指导。课堂提问是支撑学生数学思考和整个数学活动的重要内容，是教师激发学生数学思考的直接动力。上述教学中，教师结合教学内容，在新旧知识的连接处、在知识的对比处、在知识的变化处、在总结规律处不断质疑、提问，层层深入、环环相扣，促使学生在继续贴数的活动中，思考、理解两个数的公倍数的特点，认识"最小公倍数"与公倍数之间的关系，体会最小公倍数的意义所在。

师：（出示6和9）6和9的公倍数有哪些？如何找出两个数的公倍数？

（小组讨论后汇报。）

生：先写 6 的倍数，再写 9 的倍数，然后找出它们公有的倍数，就是这两个数的公倍数。

生：先写 6 的倍数，再从 6 的倍数中找 9 的倍数。

生：先写 9 的倍数，再从 9 的倍数中找 6 的倍数。

师：你更喜欢哪种方法？为什么？

生：喜欢后两种方法，因为只需要写出一个数的倍数，再从中找另一个数的倍数，比较节约时间。

师：如果是找 2 和 9 的公倍数呢？怎样找？先找哪个数的倍数更简便？

（学生独立寻找，然后交流各自选用的方法。）

生：先写 2 的倍数，再从 2 的倍数中找 9 的倍数。

生：先写 9 的倍数，再从 9 的倍数中找 2 的倍数。

师：你觉得哪种方法更合适？为什么？能不能总结一下，要找两个数的公倍数，怎样找比较方便？

（学生小组讨论后全班交流。）

师：（归纳）先找出大数的倍数，再从中找出小数的倍数，这种"大数翻倍"找公倍数的方法更为简便。

【思考】教师精心设计了两道具有思考性、挑战性的练习题，激活学生的思维，促使学生深刻理解新知。在练习前，先引导学生思考：找 6 和 9 的公倍数的方法有什么？学生有了自己的思考后，再寻找公倍数，引导学生在比较中思考，发现从一个数的倍数中找另一个数的倍数比较简便，实现了方法的优化。找 2 和 9 的公倍数环节，先引导学生思考：打算如何找，先找哪个数的倍数更简便？学生在思考中发现，从 9 的倍数中找比从 2 的倍数中找快捷得多，实现了方法的再优化——用"大数翻倍法"找两个数的公倍数。整个过程，学生兴趣盎然，深度参与学习，数学思考的力度不断得以提升。

案例 **3** 正本清源，回归本质

——"比的认识"教学案例与思考

"比"是一个重要的数学概念。在以往的"比的认识"的教学中，教师关注更多的是"比"概念的形式化解读，教学设计一般是通过表示两个数之间的相除关系引入比，即先是两个同类量的比的教学（如某班男、女生的人数），再是两个不同类量的比的教学（如路程与时间），然后引导学生观察、概括，着重说明上面的例子都是通过除法来表示两个数量间的关系，都可以用比来表示，在此基础上概括出比的意义——两个数相除又叫作两个数的比。接着，引导学生比较"比"与除法的区别，说明除法是一种求两个数相除的商的运算，而"比"则表示两个数之间的相除关系。然后，提供正例和反例（如足球赛中的比分），进一步加深对"比"概念的理解。这种设计的优点是突出了比与除法的联系，但是，比的独特性和优越性却体现不够，学生对两者的区别印象不深。另外，综观整个教学过程，教师提供信息、发出指令、解释意义，学生读取信息、回应教师、建构理解。在高效传递知识的同时，学生被置于被动应答的状态，缺乏积极参与、主动探索的热情。显然，这样的形式化学习并不能让学生深刻理解"比"概念的本质。

那么，"比"概念的本质究竟是什么？如何改变学生被动应答的局面，营造主动探索的氛围呢？笔者从"比"概念的本源出发来思考，对"比"形成了如下认识：

（1）比表示的是两个数之间的一种关系。"比"不是除法运算，只是

在求比值时才是除法。如 3:2 只是一种状态，表示两个变量之间的不变关系，而 3÷2 则是一种运算，二者在意义上不一样。

（2）比为比例的学习作准备，并可以扩展为一种变量之间的正比例函数关系。这种比例关系，其含义远超"除法"。这就是说，小学里"比"的学习，不等于重学一遍除法。

（3）"比"原本是同类量的比较关系，但是也可以推广到不是"同类量"的情形。不过，不同类量的比，不宜作为"比"的主要情境引入。这是因为，同类量之比是"源"，不同类量之比只是"流"。区别源流，分清主次，是概念教学的要义。比如，路程除以时间等于速度，明明是计算速度的除法问题，并没有比较路程与时间大小的含义在内。若用不同类量作为主要引例，就会颠倒了源流关系，增加了学生理解的难度。

基于上述思考，笔者进行了如下教学实践。

教学片段一

师：（板书课题：比的认识）大家在哪儿听说过比？

生：金龙鱼广告中的 1:1:1。

生：足球比赛 2:1。

……

师：看到馒头，你会想到谁和谁的比？

生：面粉和水（师板书）。

师：假定面粉和水的比是 2:1，大家知道是什么意思吗？

生：2 份面粉，1 份水。

师：如果面粉放 100 克，水应该放几克？

生：50 克。

师：如果面粉放 200 克，水应该放几克？

生：100 克。

师：如果面粉放 500 克，水应该放几克？

生：250 克。

师：如果水放了 500 克，面粉应该放几克？

生：1000 克。

师：观察黑板上这些数据，你有什么发现？

生：我发现面粉扩大几倍，水也扩大几倍。

师：面粉和水在不断地发生变化，但不管怎么变化，有没有不变的？

生：我发现面粉一直是水的 2 倍，水永远是面粉的二分之一。

师：说得真好！"比"是由三部分组成的，中间的"："叫作比号，比号前面的数叫作前项，比号后面的数叫作后项。前项和后项可以不断发生变化，但它们的倍数关系是不变的。

逐步形成如下板书：

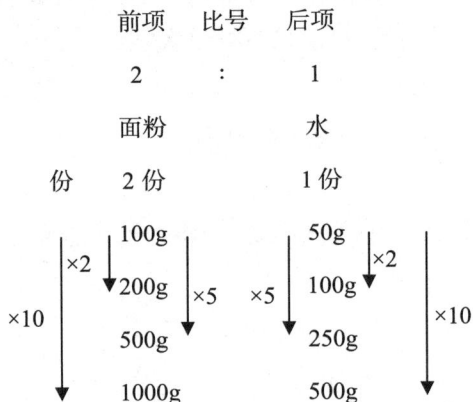

前项 比号 后项

2   :   1

面粉   水

份 2 份   1 份

×10 ↓ ×2↓ 100g 50g ×2↓ ×5↓
    200g ×5↓ 100g ×10↓
    500g 250g
    1000g 500g

【思考】比较两个同类量的关系时，如果以 b 为单位来度量 a，称为"$a:b$"，这是关于比的概念本质的描述。如何让学生体会这一本质？笔者以"面粉与水的比是 2:1"为例，引导学生理解："面粉是 2 份，水是 1 份""面粉的质量是水的 2 倍"……从元概念"份""倍数"出发，迁移归纳，揭示"比"的本质意义。学生充分经历了概念同化的过程，自然地将新知纳入已有认知结构，实现了概念之间的关系沟通。同时，引导学生思考：面粉 100 克，水应该几克？面粉 200 克，水应该几克？你有什么发现？……让学生体会"变量中的函数关系"。显然，函数思想的渗透还原了"比"的本质。

教学片段二

师：刚才我们认识了"和面中的比"具有"前项和后项的倍数关系不变"的特点，老师还收集了一些比。

出示：

（1）一张照片长和宽的比是4∶3。

（2）一场足球比赛的比分是2∶1。

（3）搅拌混凝土，水泥、沙子和石子的比是2∶3∶5。

师：这些比有没有这样的变化特点呢？

（学生先独立思考，然后小组交流，最后全班汇报。）

生：照片中的比跟和面的2∶1一样，是有倍数关系的。如果长变成8，那么宽就变成6。

（在方格纸上显示把照片放大，长∶宽=8∶6。）

师：如果长变成了8格，宽不变，会怎么样？

生：照片就变形了，形状会不一样。

（课件演示，验证学生的判断。）

生：搅拌混凝土2∶3∶5也有这个特点，2∶3∶5可以是2吨、3吨、5吨，也可以是4吨、6吨、10吨。

师：你们同意吗？还可以怎样配混凝土原料的质量？

（学生继续举例。）

师：混凝土一共是10份，水泥、沙子、石子各占2份、3份、5份。想一想，如果不按这样的关系搅拌混凝土，会发生什么情况？

生：会不牢固。

师：是呀！这样的工程就会不安全。想一想，比在这里起到什么作用？

生：这个比就像是一个标准，按这个标准来搅拌混凝土，就会牢固。

师：说得好！比，就像是一把尺子。大家再看一下，这个比有3个数，你怎么看出倍数关系？（引导看出有3组倍数关系）像这样的比，称为连比（板书）。

师：还剩下比赛中的比分，有倍数关系吗？

（学生之间有分歧。）

生：我觉得没有倍数关系，本来2∶1是相差一个球，4∶2就相差2个球了，不公平。

师：我有点听懂你的意思了，如果能这样变化，那比分是不是可以变成20∶10？

生：比分是不能这样变化的，不公平。

师：比分的变化是没有规律的，没有倍数关系。另外，比赛的比分中可以出现0吗？

生：可以。

师：比如足球比赛的比分是2∶0，但和面中的面粉和水能是0吗？

生：不能。如果面粉是0，那就只有水了；如果水是0，那就只有面粉了。没法和成面了。

师：看来，比分只是比赛得分的记录而已（板书：得分记录），并不是数学上要研究的有倍数关系的比。学习到这里，你觉得人们为什么喜欢用比来表示数量之间的倍数关系呢？好处在哪里？

生：用比表示倍数关系比较简单。

生：用比表示比较清楚，一看就知道是多少。

……

【思考】概念教学既要求教师准确把握新知的本质和来龙去脉，又要求教师洞悉学生的疑惑之处，参透学生建构新知的路径与障碍。上述教学中，通过用比赛中的比分来去伪存真，把学生带入对"比"的更深刻的思考中，从而更为有效地沟通比和除法的关系；借助长方形图片的长与宽的变化让学生感悟"比源于度量"；而石子、沙子和水泥的关系从两个量拓展到三个量，也就沟通了两个量的比和三个量的比的关系，拓展了对比的意义的本质理解，也提升了学生对数学概念理解的深度。

教学片段三

出示：下面情境中的数量能用比来表示吗？如果能，请你写出来。

（1）婴儿的头长约占身高的四分之一。

（2）小亮身高 155 厘米，小明身高 1 米。

（3）从北京到上海的铁路长约 1500 千米，需要行驶 5 小时。

（学生独立思考、写比，然后全班交流。）

生：婴儿的身高是 4 份，头长占 1 份，所以，婴儿的头长和身高的比是 1∶4。

师：以头长作为标准，头长是 1 份，身高就有这样的 4 份，头长和身高的比就是 1∶4。

生：小亮和小明身高的比是 155∶1。

生：不对，单位要统一，应该是 1.55∶1 或者是 155∶100。

师：是的，用比来表示数量关系时，数量的单位要统一。

生：第三个情境中的数量不能用比来表示，因为单位不一样，1500 千米和 5 小时，这样比出来不是倍数关系。

生：我认为能，因为 1500 千米需要行驶 5 小时，就相当于 300 千米需要行驶 1 小时。（师板书：1500∶5，300∶1。）

师：这个比的前项是什么？后项是什么？

生：前项是路程，后项是速度。

师：这个比表示的确实不是倍数关系。路程∶速度（板书：1500∶5＝300）得出的是一个新的量——速度，速度是 300 千米/时。以前我们说"路程 ÷ 时间 = 速度"，今天学了比，我们还可以说"速度就是路程和时间的比"。（板书）请大家再推想一下，1 小时行 300 千米，会是什么交通工具？

生：高铁。

师：速度是路程和时间的比，可以用比来帮助判断。

【思考】好材料、好任务驱动学生自主建构。婴儿头长占身高的四分之一——实现了"比"与"分数"概念之间的关系沟通，自然将新知纳入已有认知结构，实现知识的贯通理解；小亮 155 厘米，小明 1 米——实现了从"同单位"到"不同单位"的变化，自主形成单位统一的认识；从北京到上海全程 1500 千米，行驶 5 小时——实现了从"同类量"到"不同类量"的变式，丰富"比的类型"，由"倍数关系"扩展为"相除关系"，进一步丰富了学生对比的内涵和外延的认识。

案例 4　在问题解决中感悟模型
——"工程问题"教学案例与反思

　　数学模型是"借用数学的语言讲述现实世界的故事"（史宁中语），是现实世界的简化而又本质的描述。构建数学模型（简称"数学建模"）即指"从数学的角度，对所需研究的问题作一个模拟，舍去无关因素，保留其数学关系，以形成某种数学结构"。

　　高中《数学课程标准》（2017 年版）把数学建模作为数学区别于其他学科的核心素养，明确指出："数学建模是对现实问题进行数学抽象，用数学语言表达问题，用数学方法构建模型解决问题的素养。"小学阶段的数学建模不同于高中阶段，模型的内容与建模过程比高中及一般意义上的要求低很多，但建模思想在小学数学内容中的渗透，可以说无处不在。那么，数学建模素养在小学数学教学中如何渗透呢？下面以人教版六年级上册中的"工程问题"为例，谈谈笔者在教学中的做法。

教学片段一

　　出示例 1：修一段 420 米长的路，甲队单独修需要 10 天完成，乙队单独修需要 15 天完成。如果两队合修，几天能够完成？

　　（在引导学生读懂题意的基础上，让学生独立思考、尝试解答，并鼓励学生写出数量关系式。）

　　生：$420 \div (420 \div 10 + 420 \div 15) = 6$（天）。

生：工作总量÷工作效率＝工作时间。

师：如果把这道题的条件改变一下，变成"210米"，猜猜看，多少天能够修完呢？（板书：猜想。）

生：3天能够修完。

师：为什么呢？

生：因为工作总量少了一半，其他条件没有变，所以工作时间也会少一半。

师：听起来很有道理！这个猜想到底对不对呢？还需要——

生：验证。（师板书：验证。）

出示例2：修一段210米长的路，甲队单独修需要10天完成，乙队单独修需要15天完成。如果两队合修，几天能够完成？

（学生独立列式计算，验证猜想。）

生：（很惊讶）怎么还是6天?!

师：说说你们的列式。

生：210÷（210÷10+210÷15）=6（天）。

师：为什么工作总量缩小了一半，工作时间却没有变化呢？什么原因呢？讨论一下。

（学生小组讨论后全班交流。）

生：尽管工作总量缩小了一半，但是工作效率也变慢了，210÷10=21（米），比上题中的工作效率420÷10=42（米）也慢了一半，所以工作时间还是6天。

生：我发现不管是修420米还是210米，甲队单独修都是10天完成，乙队单独修都是15天完成，这个时间不变，合修的时间就不会变。

（该生的意见赢得了绝大多数同学的认同。）

师：大家的意思是，无论工作总量怎样变化，只要甲、乙各自修完路的时间不变，合修的时间跟工作总量无关，还会是6天？

生：是的。

师：这又是个听起来很有道理的猜想，我们再来验证一下。（板书：再猜想—再验证。）

出示例3：修一段150米长的路，甲队单独修需要10天完成，乙队单独修需要15天完成。如果两队合修，几天能够修完？

（学生独立列式，计算验证。）

生：（兴奋地）150÷（150÷10+150÷15）=6（天）。

师：果然如此！合作完成的时间和道路总长度真的没有关系！那么，既然这样，我们干脆把道路总长这个条件省略掉，行不行吗？

生：行啊。

出示例4：修一段路，甲队单独修需要10天完成，乙队单独修需要15天完成。如果两队合修，几天能够修完？

（学生先独立解答，再小组交流，然后全班反馈。少数学生感到有困难，无从下手；部分学生想到了举例子的方法，假设路长是某个具体的数，再列式解答；但是，也有更多的学生想到了下面的方法。）

生：用"1"来表示工作总量，$1÷10=\frac{1}{10}$，算出来甲的工作效率；$1÷15=\frac{1}{15}$，算出来乙的工作效率；$1÷（\frac{1}{10}+\frac{1}{15}）=6$（天）。

（其他同学听完之后恍然大悟——原来还可以这样做！）

师：刚才我还发现，在得数$\frac{1}{10}$和$\frac{1}{15}$的后面有同学加了单位"米"，刚才这位同学却没有加单位"米"，到底该加不该加呢？

生：我认为不该加，因为这里的$\frac{1}{10}$表示的是甲队一天修了全长的几分之几，表示的是甲队一天修的路和全长的关系，不是一个具体的数量，所以不能加单位。

（该生的回答赢得了全班同学的赞同。）

师：刚才我们把这道修路的问题不断变换条件，得出了黑板上的这四种算法，比较一下，哪种方法更加简便？

生：第四种方法。

师：想一想，前三道题目能用第四种方法做吗？为什么？

生：适用，因为不管工作总量是420米、210米，还是150米，都可以看作"1"。

师：是的，这种问题在数学上叫作"工程问题"（板书课题：工程问题），它的特点是把工作总量看作单位"1"；谁几天完成，谁的工作效率就是几分之一；用工作总量单位"1"÷工作效率之和，就可以求出两队合修的工作时间。

【思考】数学建模是一个复杂并具有挑战性的过程，建模的过程，实际上就是"数学化"的过程，是学生在数学学习中获得某种带有模型意义的数学结构的过程。由于小学数学没有复杂的数量关系和数学结构，其基本内容是以四则运算为基础的问题解决，从成人角度看数学模型过于简单，但学生自主思考、建构与解决这些问题的过程并不简单，许多问题的解决过程都是学生"再创造"的过程。

学生学习能力和思维水平的提升需要依赖教师设计的好活动，尤其是在小学阶段，数学建模思想的渗透既要经历过程，又要兼顾不同层次和水平的学生的需求，这就更加需要教师的精心设计。上述教学从相应的整数问题出发，引出了丰富的学习材料。为便于比较，促进抽象概括，对这些学习材料采用精细的呈现顺序，并让学生经历"猜想—验证—再猜想—再验证"的思维过程。在组织比较这些材料时，引导学生在数量关系上求同，在工作总量、工作效率的表示形式上辨异，使感性认识上升为理性认识，既加深了学生对工程问题基本数量关系的理解，又突出了工程问题的结构特点与解题规律。在建模过程中，教师注重暴露学生的难点，引导学生在质疑、争论、举例、追问中逐步澄清，慢慢由具体走向抽象。纵观整个学习过程，每一次探究，每一次比较，每一次抽象，学生都在体会题目的结构特点，都在感悟数学思想，抽象、模型等思想在建模过程中得到有效的渗透。

教学片段二

出示：一批货物，大车单独运，10 次可以运完，小车单独运，15 次可以运完。如果大车和小车合运，几次可以运完？

生：跟刚才修路的问题一样，可以把这批货物的总量看作"1"，1 ÷

（1÷10+1÷15）=6（次）。

出示：甲、乙两地相距300千米，快车3小时可以行完全程，慢车6小时可以行完全程。快车和慢车同时从甲、乙两地相对开出，经过几小时可以相遇？

（学生尝试解答，然后全班交流。）

生：300÷（300÷3＋300÷6）=2（小时）。

生：还可以把全程看作"1"，先求出快车的速度 $1÷3=\frac{1}{3}$，再求出慢车的速度 $1÷6=\frac{1}{6}$，然后用路程÷速度和，算出相遇时间，$1÷\left(\frac{1}{3}+\frac{1}{6}\right)$ =2（小时）。

（该生的做法赢得了全班同学的赞叹声和掌声！）

师：看来大家是赞同他的做法的。这种解决问题的方法跟前面学的"工程问题"的解法有什么相同之处呢？

生：快车和慢车从两地相对开出直到相遇，相当于两辆车合作走完这段路，这段路的全长就是工作总量，它们的速度就相当于工作效率。

师：真好！这里的修路问题、运货问题、相遇问题，都可以归结为同一类问题，都可以按照工程问题的方法来解决。

……

【思考】人们认识客观世界，把握客观事物规律，要通过探究事物与事物之间的异同，寻找事物之间错综复杂的内在联系来实现，这就需要对事物进行比较。比较，是把一些事物的个别属性加以分析综合，而后确定它们之间异同的逻辑思维过程。通过比较，找出不同事物共同的本质属性，促进归纳概括，建立数学模型。设计上述两道题的目的就是想让学生能主动地运用数学模型去比较、分析、解决一些同类的现实问题，感悟模型思想。通过对"运货问题、相遇问题、修路问题"进行分析、比较，学生会发现：抛开具体情境，这些问题的本质和结构是相同的，这样才真正有了"模型"的影子。学生在问题解决的过程中加深了对建立数学模型的认识，建模的过程还能够帮助学生超越具体情境，向抽象思维水平迈进。

案例 5 比"公式"更重要的是什么?
——"长方体的体积"教学案例与反思

　　素养导向下的数学教学,要以数学知识与技能的学习为载体,启发学生理解知识的本质,感悟知识所蕴含的数学基本思想,积累数学思维和实践的经验,进而形成和发展数学核心素养。以"长方体的体积"的教学为例,毋庸置疑,这节课的重要学习目标是理解、掌握"长方体的体积计算公式",并学会运用该公式解决一些简单的实际问题。那么,除了这些显性的知识技能目标之外,还能让学生有哪些收获呢? 特别是,本节课的学习能对学生数学核心素养的培育作出哪些贡献呢? 笔者带着上述思考作了如下尝试。

教学片段一

课件出示:

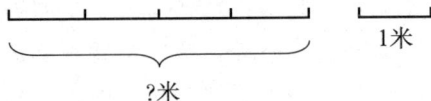

　　师:这条线段有几米长? 你是如何知道的?
　　生:有 4 米长,因为它里面有 4 个 1 米。
　　师:线段的长度就是它所包含的长度单位的个数。

出示：

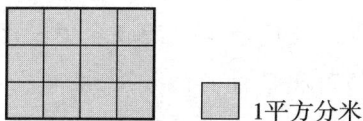

□ 1平方分米

师：长方形的面积是多少？你又是如何知道的？

生：面积是 12 平方分米，因为它里面有 12 个小方格，一个小方格的面积是 1 平方分米。

师：长方形的面积就是它所包含的面积单位的个数。

出示：

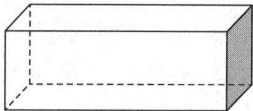

师：怎样才能知道这个长方体的体积是多少呢？

生：必须知道长方体的长、宽、高，才能知道体积有多大。

生：我知道"长方体的体积 = 长 × 宽 × 高"。

师：长方体的体积为什么跟它的长、宽、高有关呢？能依照刚才求线段长度和长方形面积大小的方法，讲一讲怎样求长方体的体积吗？

（小组讨论后，全班交流。）

生：长方体的体积大小，就是它所包含的体积单位的个数。长度单位是线段，面积单位是小正方形，体积单位应该就是小正方体。知道了长是多少，就知道了长方体的长边上能摆几个小正方体；知道了宽是多少，就知道了宽边上能摆几排；知道了高是多少，就能知道长方体中能摆几层；然后就可以算出长方体中有多少个小正方体，长方体的体积就知道了。

【思考】数学需要讲道理。帮助学生"悟出"数学知识蕴含的道理，能更好地把握知识的本质，促进学生数学素养的提升。"长方体的体积 = 长 × 宽 × 高"这一公式背后的数学道理是什么呢？就是长方体的体积等于其包含的体积单位的个数。那么，又该怎样引导学生关注"长方体中包含的体积单位个数"呢？有没有相关的已学知识与经验可以和新知建立联系呢？

上述教学从"线段的长度就是它所包含的长度单位的个数""长方形的面积就是它所包含的面积单位的个数"，顺势引出了"怎样才能知道这个长方体的体积是多少"的问题。由于有了前面两个问题的铺垫，学生自然想到要用体积单位去度量。这样不仅赋予体积单位以实际的意义，同时也可以顺利地引出"用边长为1的正方体摆长方体"这一实践活动。这样，新知识就从学生原有的知识里面自然生长出来，让学生感觉到这个经验与我原来的经验是相关的，而且新的经验对于我是有用的。上述教学的好处还不止于此，更重要的是由于教师并没有"一叶障目"，孤立地看待"长方体体积"这一个"知识点"，而是从长方体体积这一具体的教学任务中跳离出来，将长方体体积公式的教学提升到"度量"的高度，进而与线、面的度量统一到一起，不仅顺利实现了学生知识的迁移，同时也让学生体会到线、面、体的测量其实质是一样的，都是用相应计量单位去度量，有几个计量单位，其数量就是几。这有利于学生构建起良好的认知结构。

教学片段二

师：同学们认为长方体的体积与长、宽、高有关，还有同学提到长方体的体积＝长 × 宽 × 高，那么，怎样去验证这个想法呢？可以怎样去研究呢？

（学生讨论后，全班交流。）

生：可以用一些小正方体摆长方体，找到长、宽、高与体积的关系。

师：为什么用这种方法呢？说说你的想法。

生：因为数一数摆长方体用了多少个小正方体，就知道了体积；再数一数长、宽、高分别是几，再比较比较，就知道它们的关系了。

师：大家明白他的意思吗？

生：明白。

师：讲得很清楚，说明头脑中想得很清楚！那好，下面我们就用这种方法研究一下长方体的体积与长、宽、高的关系。

（让学生小组合作，用若干小正方体拼摆长方体，并填写下表。）

拼出的长方体	长	宽	高	体积	我们的发现
1号					
2号					
3号					
4号					

生：我们拼出的1号长方体的长是4，宽是1，高是1，用了4个小正方体，体积是4。我们发现：$4 \times 1 \times 1 = 4$。我们摆出的2号长方体的长是3，宽是2，高是1，体积是6，我们发现：$3 \times 2 \times 1 = 6$。由此证明，长方体的体积＝长 × 宽 × 高。

生：我们组摆成的长方体的长是4，宽是3，高是2，共用了24个小正方体，体积是24，我们发现：$4 \times 3 \times 2 = 24$，长方体的体积＝长 × 宽 × 高。

师：（追问）这里的 4×3 是什么意思？

生：表示一层是12个。

生：我们摆的长方体的长是4，宽是4，高是3，用的小正方体数是 $4 \times 4 \times 3 = 48$ 个，体积就是48。

师：能解释一下这个算式的意思吗？

生：4×4 表示一层有16个小正方体，因为有3层，所以再乘3就得到总共有48个小正方体，体积是48。

师：现在你发现体积与长、宽、高之间的关系了吗？

生：用长 × 宽 × 高就得到体积单位的个数，也就是体积。

师：我们刚才交流的这几个长方体的体积确实都等于长 × 宽 × 高，那么是不是所有的长方体都是这样呢？

出示:

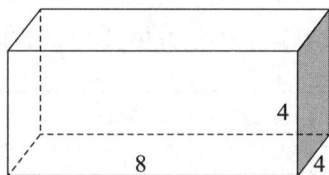

师：这个长方体的体积是 8×4×4 吗？为什么？

生：用小正方体去摆，长 8 就可以摆 8 个，宽 4 就可以摆 4 行，高 4 就可以摆 4 层。计算一共有多少个小正方体，就用 8×4×4。

[课件动态呈现拼摆的过程与结果（如下图所示），验证学生的想法。]

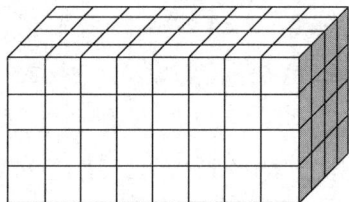

师：想一想，长 × 宽算出的是什么？

生：一层能摆多少个小正方体。

师：再乘上高呢？

生：高代表有几层，乘上高就算出了长方体所包含的小正方体的总个数。

师：所以，长方体的体积就是——

生：长 × 宽 × 高。（师板书：长方体体积 = 长 × 宽 × 高。）

师：长方体的体积公式用字母表示就是：$V = abh$。除了这种长方体之外，还有一种特殊的长方体，你们知道吗？

生：正方体。

师：正方体特殊在哪儿？

生：长、宽、高都相等。

师：那么，正方体的体积公式是什么呢？

生：正方体的体积＝棱长 × 棱长 × 棱长。（师板书）

师：如果用字母 a 表示它的棱长，那么它的体积公式是怎样的？

（结合学生回答，板书：$V=a^3$。）

【思考】数学教育的基本目标是通过数学教学帮助学生学会思维，它比知识本身更具有可持续发展的价值。在上述教学中，学生在教师的启发引导下，学习着这样思考：长方体体积的大小，就是指它所包含的体积单位的个数。长方体所包含的体积单位的个数，与它的长、宽、高之间有着怎样的关系呢？能否利用小正方体摆一些长方体，试着从中去寻找体积与长、宽、高的关系，以找出长方体体积的计算方法？学生通过观察所呈现的长方体，收集相关数据，寻找体积与长、宽、高之间的联系，归纳出其体积的计算方法。学生亲身经历利用数形结合探究问题的过程，不仅获得了长方体体积的计算公式，而且积累了如何进行探究的思维经验和实践经验。这对学生核心素养的形成和发展所产生的作用，是那种在教师指令下进行的动手操作所远不能及的。

教学片段三

出示：计算下面长方体的体积（单位：厘米）。

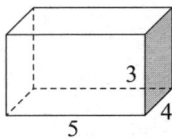

学生代入公式计算得：$V=abh$

$$=5 \times 4 \times 3$$

$$=60（立方厘米）$$

师：这里的 5×4 表示什么意思？

生：5×4，是长 × 宽，算出的是面积。

师：算出的是面积，这个得数 20 的单位名称就是——

生：平方厘米。

师：他说表示的是面积，20平方厘米，同意吗？

生：不对，应该是它一层的体积。

师：体积单位是——

生：立方厘米。

师：有意思了，现在出现了两种不同的意见：一种认为是体积，是20立方厘米；还有一种认为是面积，是20平方厘米。到底谁的对呢？

（学生小组讨论。）

组1：我们组的意见，"5×4"算出的是体积。因为"5×4"表示的是它下面一层的体积。

师：这下面一层的体积，是什么样子呢？你们能想象出来吗？

［在学生展开空间想象的基础上，课件进行直观演示（如下图）。］

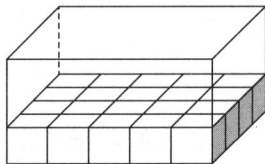

师：这就是你们所说的"20立方厘米"？

生：是的。

师：对他们这种说法，都同意吗？

生："5×4"没有乘1，算出的不是体积，而是面积。

师：你们认为体积应该怎么算？

生：应是"长×宽×高"，这里只是"长×宽"，所以算的是面积。

［在学生展开想象后进行直观演示（如下图）。］

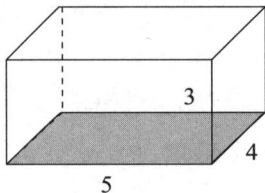

师："5×4"到底表示什么呢？（指着底面）这个图形肯定是一个面。如果是体积的话，它肯定得有高度，那这个高度是多少呢？算式呢？

（结合回答板书"5×4×1"，并进行"面的运动"形成高为 1 厘米的长方体。接着，课件演示：将"面"向下移动到 0.5 厘米的高度。）

师：这样得到的是"面"还是"体"？现在这个长方体的体积怎么算？

生：5×4×0.5。

（课件演示：继续将"面"向下移动至高为 0.1 厘米、0.01 厘米……学生展开想象，进行类推，得出体积是 2 立方厘米、0.2 立方厘米……最后，课件演示：将"面"移动至与底面重合。）

师：现在没有高度了，它还有体积吗？

生：没有体积了，因为它是一个面，面积是 20 平方厘米。

师：是啊，现在它是一个面，面积是 20 平方厘米。但是，只要把这面往上稍微平移一下，它就形成了——

生：体。

师：对呀！把一个点移动后就形成了"线"；把一条线移动后就形成了"面"；把"面"移动后就形成了"体"。所以，长方体的体积与它的底面的面积和高有关。（板书：长方体体积 = 底面积 × 高，$V=Sh$。）

师：长方体体积除了可以用"底面积 × 高"计算，还能怎么算？

出示：

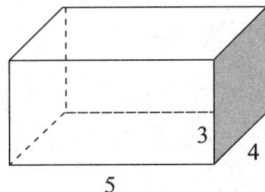

生：可以用右面的面积乘长方体的长，因为如果把长方体竖起来，右面就变成了底面，长就变成了高。

师：生活中通常把长方体的左面或右面称作"横截面"，长方体的体积也等于横截面的面积 × 长。

（课件上动态移动右面形成不同长度的长方体，让学生分别说出长是 4 厘米、3 厘米、0.5 厘米时计算长方体体积的算式。）

【思考】从上面的交流互动中不难发现，学生对于推导得出的"长方体体积＝底面积×高"并不容易接受，因为之前计算长方体所含体积单位的个数时，那"一排的个数×排数×层数"给学生留下了深刻的印象，学生头脑中的"5×4"就是表示一层长方体的体积。因为，在学生看来，面积是平面图形的，而平面图形是没有厚度的，怎么能叠成长方体呢？这才是学生的真问题。

为此，教师站在学生的视角进行质疑：5×4 表示什么意思？让学生充分发表自己的观点，进行思维的碰撞，并借助课件直观地演示"面"的移动。学生展开想象，进行类推。学生从中感受到了量变引起的质变，实现着二维平面与三维空间的转换。接着，启发学生联想：后面的面、左面的面移动形成的长方体，发现其体积的计算公式，举一反三地运用了长方体体积计算公式，形成结构化的知识。

经过这样的探究活动过程，学生不仅解决了存在于头脑中的真问题，对数学知识的本质有较了更为深刻的理解，而且通过图形的运动变化、进行空间想象及平面与立体的转化，直观想象素养也得到了培养。

教学片段四

师：想一想，我们是怎么得到长方体的体积公式的？

生：我们先提出"猜想"，再通过操作等活动去"验证"。

师：在这个过程中用到了哪些有用的方法呢？

生：举例子、找规律……

【思考】教学中，要有意识地提供给学生反思学习过程的机会，帮助学生借助反思更有效地发展思维，实现自我指导与监控的学习。上述教学中教师的提问，就是在教学生学会用数学的思维方式思考问题，教学生总结有价值的学习方法。

案例 6　从研究学生入手

—— "体积与容积"教学案例与反思

"体积与容积"是在学生认识了长方体和正方体表面积的基础上教学的，现行多种版本的教材都是给"体积"这样下定义的："物体所占空间的大小，叫作物体的体积。"

从知识序列的角度看，这一内容是学生进一步学习体积单位、体积计算等体积相关知识的基础，也是发展学生空间观念的重要载体。

从学生的现实起点看，学生不仅从小就知道"孔融让梨"中大梨与小梨的区别，也知道"捡了芝麻，丢了西瓜"的寓意所指。

查阅文献发现，本课教学一般都从"乌鸦喝水"或是"排水实验"入手，教师首要关注的是让学生感知"空间"的存在。虽有可取之处，但是借助"容积"来说明"体积"的问题，不仅概念相对抽象，而且忽视了学生已有生活经验的存在。这个实验难道学生原来就不知道吗？学生的起点已经很高了，我们为什么还要从头教起呢？张奠宙先生讲："体积这样的定义，可能越说越糊涂，把本来简单明了的事情搞复杂了。""体积的定义这句话重要吗？我觉得教学中不必过分重视它，更不必去展开探究。"

那么，如何激活学生的已有经验，促进学生对概念的深度理解呢？不妨换个视角，从研究学生入手，以学定教。

基于此，笔者对所教班级学生做了如下调研：

听说过体积	能正确选取生活中的 物体举例	能正确比较两个 物体体积的大小
97%	86%	98%

从调查数据来看，五年级的学生显然已经为本课学习积累了足够多的经验。因此，如何挖掘和使用好这些资源，就成为了教学成功的关键。

另外，本节课既学习"体积"，又学习"容积"，课堂时间如何分配？两者关系又该如何刻画呢？笔者认为，从本质上讲，"容积"是"体积"的下位概念，它是"特殊的体积"。只有在真正理解"体积"意义的基础上，"容积"的学习才可能变得更加理性和深刻。从这个角度来看，"体积与容积"知识内容详略的处理其实已经显而易见了。

基于上述思考的教学实践如下：

教学片段一

师：（板书：体积）听说过体积吗？生活中很多的物体是有体积的，什么是体积呢？谁能举例说一说？

（学生表达自己的看法。）

师：同学们说的都对吗？书上又是怎么介绍体积的？请打开课本看一下。

生：（阅读课本）物体所占空间的大小，叫作物体的体积。（师板书）

师：这句话你们理解吗？

生：理解。

师：那谁再来举例说说什么是体积？

生：铅笔占的空间的大小，叫作铅笔的体积。

生：课本所占空间的大小，叫作课本的体积。

……

【思考】基于前测数据，以儿童生活经验为切入口，开门见山，直接揭题，在学生自由表达对于"体积"的了解的基础上，通过看书自学，实现对原有认知的修正和重构。

教学片段二

课件同时出示5个不同大小的物体（如下图）：

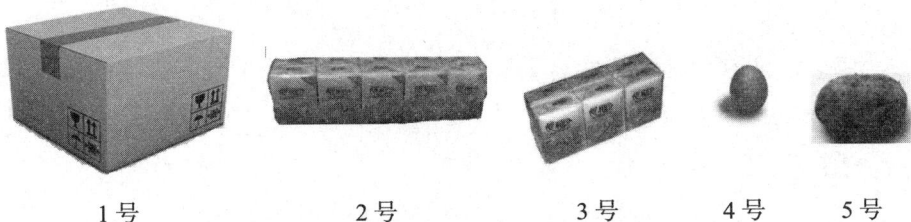

| 1号 | 2号 | 3号 | 4号 | 5号 |

师：一眼看上去，哪个体积最大？哪个体积最小？

生：1号纸盒体积最大，因为它占的空间大。

师：有什么办法能让我们准确地比较这些物体的体积大小，再把它们按照从大到小的顺序排列起来？

（小组讨论比较方法，集体反馈。）

生：2号要比3号的体积大。因为每包餐巾纸的大小是一样的，2号一共有10包，3号只有6包。

师：每包餐巾纸的体积一样，一个10包，一个6包，体积大小就能比较出来了。

生：4号鸡蛋和5号土豆相比，土豆的体积更大。

师：有什么办法能够准确地比较出体积大小？

生：可以准备两个杯子，放一样多的水，然后把鸡蛋和土豆分别放进去，再看看哪个水面上升得高，哪个体积就大。

师：水上升是因为水变多了吗？

生：是因为土豆和鸡蛋占了空间，水被挤到上面去了。

师：所以，比较体积的最终结果是——

生：1号＞2号＞3号＞5号＞4号。

【思考】五个素材整体呈现，促使学生对整组材料作出综合研判，其中既蕴含一眼比较体积大小的方法，也隐含根据"体积单位"数量比较体积的方法，还考虑到了不规则物体体积的比较方法。整体的结构设计，相对开放的任务要求，为课堂教学鲜活的生成提供了更多空间和可能。

教学片段三

师：能装水的杯子也叫容器，如果把整个杯子装满水，大家知道这部分水的体积叫杯子的什么吗？

生：容积。

师：是的，容器所能容纳的物体体积，叫作容器的容积。

师：刚才我们研究的物体里面哪些是有容积的？

生：纸盒。

师：土豆和鸡蛋呢？

生：没有容积，因为它们都不是容器。

【思考】有意以"物体是否具有容积"为引领，学生在对学习材料逐一甄别和判断中实现对概念意义的理解。

师：这个纸盒从外面看，我们看到的是它的——

生：体积。

师：那它的容积在哪里呢？

生：容积要从里面看的。

师：假设把这个纸盒的壁从内部不断地加厚，想象一下，会发生什么变化？

生：容积变小了，甚至可能没有。

师：容积变成0？为什么？

生：因为它内部容纳物体的空间没有了。

生：不变的是它的体积，因为从外表看还是那个纸盒。

师：假设从外面把它的壁不断地加厚，前后又会有什么不同？

生：容积大小不变，体积在不断增加。

师：体积和容积一样吗？

生：容积需要从里面观察，体积需要从外面观察。

生：有些物体是有体积没有容积的，有些物体既有体积也有容积。

生：容积是特殊的体积，它们都和空间有关系。

【思考】以"容积和体积是否一样"为线索，展开了体积与容积两者关系的讨论。同时借助空间想象、推理等学习方式，使学生逐步感知"有些物体是有体积没有容积的"等等。通过对相似易混概念的比较，促学生对概念内涵的认识由"肤浅"走向"深刻"。

案例 7　"理"不在说，而在于悟
——"折线统计图"教学实践与反思

　　我们在教"计算"等内容时，一般都需要"讲道理"，让学生在理解算理的基础上掌握算法。但是，我们在进行统计教学时，通常对其中的"理"不够重视，一般只是让学生机械地记一记书上的结论，或是让学生将条形统计图和折线统计图进行比较后，简单地作个概括。这样的授课，表面上看，学生已经懂了，让他做题目，基本上也不会出错了。可是，学生心中的疑惑真的解决了吗？

　　以教学"折线统计图"为例，重点是要帮助学生解决两个疑惑：一是在认识了条形统计图之后，为什么还要学习折线统计图？二是为什么书上说"条形统计图方便我们看出各种数量的多少，折线统计图能够比较清楚地看出数量增减变化的情况"，怎样用儿童易于理解的语言来解释呢？

　　条形统计图中，由于直条与直条之间不相连接，它刻画的数量是离散的、不连续的。而折线统计图不同，它的点与点之间是相互连接的，可以用来描述连续量。所以，条形统计图不便说明发展趋势，折线统计图便于估计未知变量的值，便于推断发展趋势。那么，又该用怎样的方式让学生"明白"这样抽象的道理呢？

　　带着这些思考，笔者作了如下教学尝试。

教学片段一

师：大家平时喜欢观看天气预报吗？

生：喜欢。

出示：北京地区 10 月 24 日至 10 月 30 日一周最高气温的数据。

师：这么多数据，看起来不太方便。怎样整理，可以使这些数据更清楚呢？

生：可以用统计表。

师：用统计表确实比刚才用文字叙述更简洁明了，还能用什么方式？

生：用条形统计图。

师：用条形统计图表示的好处是什么？

生：方便，很容易看出哪个数量多，哪个数量少。

师：确实，条形统计图用直条的高低表示数量的多少，很直观，也很形象，便于比较数量的多少。气象台的叔叔阿姨针对这周的最高气温情况制作了一幅统计图，我们一起来看看！

师：（课件演示将条形统计图的直条逐渐变短，直到变成一个个点，然后将相邻的两个点连成线，形成折线统计图）奇怪！怎么不是我们刚才想的条形统计图呢？有认识它的吗？

生：这是折线统计图。

师：对，它叫折线统计图。（板书课题）和原先的条形统计图比一比，折线统计图什么没有变，什么在改变？

生：横轴、纵轴和格子都没有变，数据没有变，统计图的意思也没有变，但是样子变了。

生：条形统计图上有几个直条，直条的顶端有数据；折线统计图上有几个点，点的旁边有数据，还有一些线段。

师：想一想，折线统计图上的点是做什么用的？

生：这些点能表示数量的多少。

师：刚才有同学提到两种统计图的意思一样，既然意思没有变，那你们有没有产生一个疑问呀？

生：他们为什么不制成条形统计图，而制成折线统计图呢？

师：是啊，既然两种统计图表示的意思是一样的，那为什么还要学折线统计图呢？

生：我觉得是因为折线统计图画起来简单一些。

师：你们认为他说的对吗？

（大多数学生认同，有的学生半信半疑，但又说不上原因。）

师：气象台的叔叔阿姨们选择折线统计图肯定有他们的道理，这节课我们就要研究一下这个道理。

【思考】用"大家平时喜欢看天气预报吗"作为引子，提供给学生数据；以"怎样整理，可以使这些数据更清楚呢"激活学生已有知识，进而将条形统计图通过课件演示动态形成折线统计图，帮助学生看出折线统计图上表示的信息与条形统计图上的信息是相同的；以"既然意思没有变，那你们有没有产生一个问题呀""为什么还要学折线统计图呢"，引导学生思考折线统计图的学习价值。自然、平实的复习，巧妙的设问，既为学生探索新知准备了知识条件，又凸显了要研究的问题。

教学片段二

师：生活中，你还在哪儿见过折线统计图？

生：股市中。

生：我爷爷做的心电图也是折线统计图。

（教师出示几幅折线统计图。）

师：想想看，为什么在这些情况下人们常用到折线统计图？不知道你注意过没有，气象台的叔叔阿姨常常说到一个词"走势图"，你觉得哪种统计图指的是他们说的走势图？

生：折线统计图。

师：你是怎么知道的？

生：因为这些点连起来的线会往上走，也会往下走。

师：那条形统计图有走势吗？

生：条形统计图没有走势，因为它没有路线。

生：可是条形统计图的直条有高有低，也有走势啊。

师：好，我们走走看。

（演示：指着条形统计图的第一根直条，10月24日从0走到23，然后停下来了；25日也从0走到了24，又停了；……30日从0走到18，最后也停了。）

师：一共走了几次？每次走了多久？

生：走了7次，每次走了1天。（师板书：7个主角各走了1天。）

师：（再演示，指着折线统计图问）从0开始，走到几？再走到几？……几个主角在走？走了多长时间？

生：1个主角在走，走了7天。（师板书：1个主角走了7天。）

师：这两幅图是怎么走的？大家再说一遍。

生：条形统计图是7个主角各走了1天，折线统计图是1个主角连续走了7天。

师：现在你觉得哪幅图是走势图？

生：折线统计图。

师：为什么？

生：因为折线统计图是同一个主角走了7天，是连续的。

师：现在你明白条形统计图和折线统计图的差别在哪里了吗？

生：条形统计图的数据是不连续的，折线统计图的数据是连续的。

师：是的，所以折线统计图能清楚地表示数量增减变化的情况。

生：因为要反映病人体温有没有变化，用折线统计图比较明显。

生：看股票的升值还是降值，用折线统计图也很直观。

师：也就是在反映数量的增减变化方面，折线统计图是有优势的，这是它的长处。

【思考】演示在两幅统计图上"走"了一遭后，学生能深切地感受到条形统计图的"静"以及折线统计图动态变化的特点，直观形象而不需要过多的言语，道理早已蕴含其中，"条形统计图是7个主角各自走了1天，折线统计图是1个主角连续走了7天"，这样生动形象的解释把"离散"

和"连续"的区别表现得淋漓尽致。

教学片段三

师：这里有三个折线统计图。（出示北京、南极、吐鲁番三地某年8月8日早、中、晚三个时刻气温变化情况统计图。）

师：从这三幅图中你分别了解到哪些信息？

生：第一幅图，早上6时的气温是零下22℃，中午12时是零下17℃，晚上8时是零下29℃。

师：你怎么知道是零下的？

生：图上写的 –22、–17、–29 都是负数，所以是零下。

生：第二幅图，早上6时气温是13℃，晚上是8℃，中午是36℃。

生：第三幅图，早上6时气温是26℃、中午是31℃、晚上28℃。

师：这三幅图分别是北京、南极和吐鲁番三个地方8月8日早、中、晚三个时刻的气温情况，你能根据图上气温的变化情况判断出它们描述的分别是哪个地方的气温吗？

（小组讨论后汇报。）

生：我们组认为图一对应南极，图二对应吐鲁番，图三对应北京。（学生基本都同意他的说法。）

师：为什么呢？你能结合统计图中的信息说说理由吗？

生：因为8月是夏天，应该很热才对。可是在图一里，早、中、晚三个时刻的气温都在零度以下，肯定很冷，只有南极符合，北京和吐鲁番不是这样的。

（教师借助多媒体呈现"南极的气候简介"：南极常年被冰雪覆盖，气温很低，是世界上最为寒冷的地区，有"寒极"之称。）

师：那图二描述的为什么是吐鲁番的气温情况呢？

生：在图二里，早上6时是13℃，晚上是8℃，说明冷；中午是36℃，说明热。温差很大，所以肯定是吐鲁番。

（教师让学生用动作表示出折线的变化趋势：早上气温低，中午气温升到很高，晚上又下降到很低。）

（借助多媒体呈现"吐鲁番的气候特点"：吐鲁番的奇观是"早穿棉袄午穿纱，晚围火炉吃西瓜"。早上和晚上的气温很低，中午却很热，早晚温差非常大。）

师：既然图一、图二描述的是南极、吐鲁番的气温情况，那图三肯定描述的是北京的气温情况。你能结合这幅折线统计图，说说北京的气候有什么特点？

生：8月正是夏天，北京应该很热。从图中可以看出：早上26℃、中午31℃、晚上28℃，气温都很高，但是早中晚的温差不大。

师：你很善于观察！想一想，我们是根据什么辨别出这三幅图分别描述的是哪个地方的？

生：根据它们气温变化的情况。

生：根据折线统计图上的线段变化情况。

师：对，这是折线统计图一个非常明显的特点。通过线段变化情况可以让我们很容易看出气温什么时候上升，什么时候下降，以及上升或下降的程度如何。

【思考】以北京、南极、吐鲁番三地某年8月8日早、中、晚气温变化情况为素材，围绕三幅折线统计图呈现出的信息数据，判断三幅图分别表示哪个地方的气温变化，为学生创设了认真观察、思考，积极分析、判断，主动探索知识的空间。而教师则随学生活动的进展，即时呈现"南极的气候简介"等资料。学生在获取数学知识的过程中，了解多彩的现实世界，长知识、长才干的同时，获得丰富的情感体验。

教学片段四

出示：某运动服装店2018年4—9月份游泳衣销售量统计图。

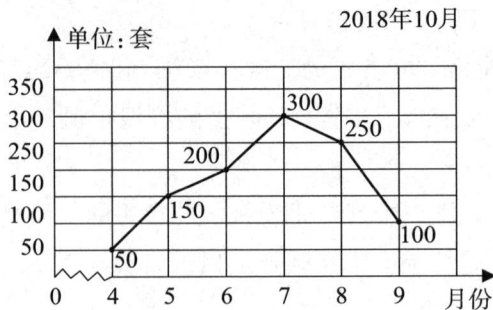

2018年10月

单位：套

师：仔细观察统计图，你从中了解到哪些信息？

生：我了解到4月份销量最低，只有50套，7月份销量最高，有300套。

生：我看到从4月到7月，销量增长，7月往后，销量下降。我想是因为天气热时，游泳的人多，销量就多，天气凉了，游泳的人少了，买游泳衣的人就少了。

师：分析得很有道理。如果你是销售经理或者顾客，看到这幅折线统计图反映出的信息，你会作出什么决策呢？

生：如果我是商店的销售经理，我会在销售的淡季——4月、5月、9月卖便宜些，或者搞一些打折活动促销，在7月把价格再涨上去，能多赚点儿。

师：你很有经营头脑，是个精明的老板。

生：如果我是顾客，我会在淡季去购买游泳衣，这样会比较划算。

师：你很会精打细算，是个聪明的消费者。

师：大家想想看，我们之所以能作出正确的决策，都靠谁帮的忙啊？

生：折线统计图。

师：你想对折线统计图说些什么？

生：折线统计图，你真是我们的好帮手。

生：谢谢你！折线统计图。

【思考】请学生以"经理"与"顾客"的身份谈自己的决策，促使学生亲身感受折线统计图的作用。这样，更有利于学生深刻体会到统计在生活和生产中有着广泛的应用，使学生认识到数学的应用价值。同时，丰富的学习资源，也开阔了学生的视野，带给学生积极的情感体验。

案 例 8　围绕重点做文章

——"打电话"教学案例与思考

人教版五年级"打电话"一课的一个重要目标是要让学生在设计打电话方案的过程中发现规律，建立解决这类问题的"最优模型"，从而帮助学生建立初步的模型思想，培养学生运用数学知识解决实际问题的能力，提升学生的思维品质。

教材中提供的活动分为三个部分：（1）探讨最优方案。教材通过三个逐步递进的提示——"可以一个一个地通知""分组通知会更快些""是不是分的小组越多用的时间就越少"，引出最优方案——"知道消息的人都去通知"。（2）寻找规律。（3）应用规律解决问题。从学生的视角分析，由于已经有了"沏茶问题""烙饼问题"等优化思想的知识和经验基础，理解"知道消息的人不能闲着，都去通知"这个方法实际上并不困难，并不需要花费太多时间，而探索规律和建构"最优模型"才是教学的重点和难点，教学中应给学生提供充足的时间，让学生在充分积累数学活动经验的基础上建立模型。

综观已有的诸多教学设计，大都是从教材例题提供的"打电话通知 15 个人"的情境引入，从教学实践来看，学生能想到"分组通知"比"逐一通知"省点时间，但大多数学生只会将人数平均分成几个小组，且由于学生还未很好地学会用直观图示表达自己的思考，所以在分小组通知的过程中思维比较零乱，活动的目的性较差，最后多数学生根本计算不出最短用时到底是几分钟。同时分组打电话的方案有很多种，教师面对杂乱无章的生成资源很容易陷入窘境。殊不知,最节省时间、最优化的方案其实并不是将学生分成几组,它其实是一种单线联系的"树型"设计方案,"让知道消息的人都去通知"才是"打电话"问题的本质所在。

教学中,应当让学生抓住"知道消息的人都去通知"这个问题的本质进行想象和推理,引导学生的思维逐步深入,辅之数形结合的直观演示的方法,使数学现象、数学规律和数学模型之间建立起联系,使学生发现规律,真正理解规律背后的道理,促进学生有效建立数学模型。

基于上述思考的教学实践如下:

<h2 style="text-align:center">教 学 片 段 一</h2>

出示:周五晚上,学校健美操队贺老师打电话紧急通知三名队员(珂珂、睿睿、小朱)在周六上午去学校排练节目。如果每分钟通知一个人,最少需要几分钟呢?怎么通知呢?请把想法用你喜欢的方式表示出来。(可以画图、文字叙述等)

(学生独立思考、尝试解决,小组讨论后全班交流。)

生:第 1 分钟通知珂珂,第 2 分钟通知睿睿,第 3 分钟通知小朱,一共需要 3 分钟。

生:我觉得 2 分钟就够了。第 1 分钟通知珂珂,告诉珂珂让她通知睿睿,这样,第 2 分钟贺老师去通知小朱,珂珂去通知睿睿。

师:谁听明白他的意思了?

生:他的意思是贺老师通知小朱的时候,珂珂同时去通知睿睿。

师:为什么会节省 1 分钟呢?

生:因为珂珂知道消息后也去通知,第 2 分钟就会同时通知两个人,所以省时间。

师:是的,人多力量大!知道消息的人都不闲着,都去通知,就能节省时间,这是一种优化思想。我们可以用下面两种图示来表示这种打电话的方式。

课件显示:

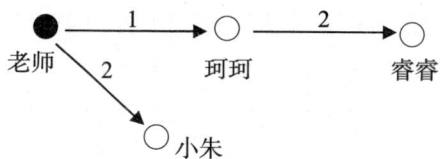

【思考】教学中，为学生搭建更恰当的探究"脚手架"，把教学起点放得再低一些，不从例题设置的"通知15人"开始，而是从"通知3人"入手，改造后的问题让所有的学生都能参与到通知方案的设计当中。交流时，教师注重通过不同方案直观图示的对比，引导学生分析"知道消息的人都去通知"的方案省时的原因，自然地引出优化思想。起点的降低和教师适时的"介入"换来的是探究活动得以实实在在地展开，学生接下来"通知更多人"的探究不再盲目，规律的发现也不再"难产"，从而提高了自主探究的有效性和学习效率。

教学片段二

师：想一想，照这样的方式打电话，第3分钟能再通知多少人？

（让学生尝试画图表示通知的方案，然后全班交流。）

生：能再通知4个人，因为知道消息的一共有4个人，他们都去通知。

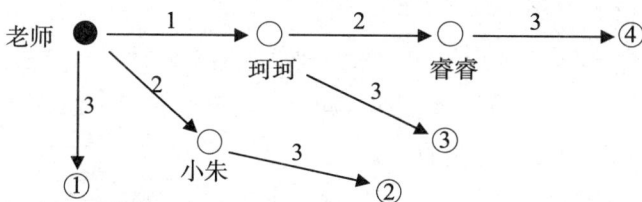

（课件动态呈现知道消息的人都去打电话通知的过程。）

师：像这样打电话通知，会不会有什么规律呢？我们先把数据整理一下，大家仔细观察，看看有没有什么发现。

	1分钟	2分钟	3分钟	4分钟	5分钟	……
新通知的人数	1	2	4			
知道消息的总人数	2	4	8			

（学生小组讨论后，全班交流。）

生：我发现后1分钟的人数总是前1分钟的2倍。

师：能举个例子吗？

生：第1分钟知道消息的总人数是2，第2分钟知道消息的总人数就是4，4是2的2倍，第3分钟知道消息的总人数是8，8是4的2倍。

生：我补充，第2分钟新通知的人数也是第1分钟新通知的人数的2倍，第3分钟新通知的人数是第2分钟新通知的人数的2倍。

师：确实，不管是新通知的人数，还是知道消息的总人数，每多1分钟，人数都是2倍2倍地增加的，数学上叫作"倍增"，这是一个重要发现！还有别的发现吗？

生：我发现新通知的人数跟前1分钟知道消息的人数一样。

师：你能举个例子吗？

生：比如第2分钟新通知的人数是2，第1分钟知道消息的总人数也是2，第3分钟新通知的人数是4，第2分钟知道消息的总人数也是4。

师：明白为什么会是这样吗？

生：因为知道消息的人都去通知，所以前一分钟有多少人知道消息，后一分钟就会再通知多少人。

师：说得真好！我们再来观察一下，知道消息的总人数跟时间有什么样的关系？

（小组讨论后全班交流。）

生：第1分钟时人数是2，第2分钟时是2个2相乘，就是4，第3

分钟时是 3 个 2 相乘，就是 8。所以，是第几分钟就用几个 2 相乘，就能算出知道消息的总人数。

师：了不起！又是一个重要发现！照这样，你推测一下，第 4 分钟能再通知多少人？为什么？

生：因为第 3 分钟时已经有 8 个人知道了消息，他们都去通知，就能再通知 8 人。

师：那么，4 分钟知道消息的总人数是多少人？（16 人）

（课件演示，验证猜想。）

师：那么，4 分钟一共通知了多少人呢？

生：16 人。

师：4 分钟一共通知了 16 人？确定吗？我们再来仔细读一读问题。

生：（齐读问题）4 分钟一共通知了多少人呢？

生：哦，我知道了，应该是一共通知了 15 人，不是 16 人。

师：说一说你的想法。

生：题目中问"一共通知了多少人"，老师是已经知道消息的，所以不能把老师也算上，应该是 16–1=15 人。

（该生的发言使全班同学恍然大悟，计算"一共通知了多少人"不能把老师也算上，应该用"知道消息的总人数 –1"。）

显示：

老师	珂珂 1	3	3
小朱 2	睿睿 2	3	3
4	4	4	4
4	4	4	4

师：算一算，5 分钟一共能通知多少人呢？

生：因为 5 分钟知道消息的总人数是 5 个 2 相乘，是 32 人，去掉老师，通知的人数就是 31 人。

显示：

老师	珂珂 1	3	3	5	5	5	5
小朱 2	睿睿 2	3	3	5	5	5	5
4	4	4	4	5	5	5	5
4	4	4	4	5	5	5	5

师：6 分钟呢？

生：6 个 2 相乘再减 1，64–1=63 人。

师：健美操队一共有 24 名队员，想一想，照这样的方式，通知完这 24 名同学一共需要几分钟呢？

生：需要 5 分钟，因为第 4 分钟有 16 人知道了消息，第 5 分钟就有 32 人知道了消息，去掉老师，一共通知的人数是 32–1=31 人，24 比 31 小，5 分钟就通知完了。

师：我们全年级大约有 120 名同学，照这样的方式打电话通知这 120 人，一共需要几分钟？

生：需要 7 分钟，第 5 分钟有 32 人知道消息，第 6 分钟就有 32×2=64 人知道消息，第 7 分钟就有 64×2=128 人知道消息。

师：通知 120 个人，需要 7 分钟，看到这个结果，你有什么想法？

生：我觉得数学的本领真大！

生：我觉得数学很神奇，运用好的数学方法真能节省不少时间！

生：我想以后在生活中要多应用数学方法。

师：看来大家已经体会到数学的魅力了。想一想，为了使这个最优方案在现实生活中切实可行，还需要注意些什么？

生：每个人在接到电话后应该很清楚，他接下去第 1 个要通知谁，第 2 个要通知谁，不能重复。

生：知道消息的人都要通知，不能遗漏。

……

【思考】上述教学，注重引导学生抓住数学问题的本质进行猜想、尝试、想象、归纳，促使学生真正理解数学模型。在学习过程中，特别重视数形结合思想的渗透，让学生用直观图示来呈现打电话的方案，使学生内隐的认知过程外显化。虽然学生明白"让知道消息的人都去通知"才最节省时间，但在具体画图时，很可能还会出现知道消息的人没有去通知或重复通知的情况。因此，教师紧紧抓住问题的本质，数形结合，既让每个学生扎实掌握"怎样才能做到不重不漏"的画图方法，又让学生在画图的过程中初步认识到每分钟新通知的人数就是上一分钟知道消息的总人数，感悟模型，为建立数学模型积累丰富的数学活动经验。

教学片段三

师：（讲述"国际象棋发明人的酬劳"的故事）这是古印度的一个故事，国王打算重赏国际象棋的发明人——宰相达依尔。这位聪明的大臣的胃口看来并不大，他跪在国王面前说："陛下，请您在这张棋盘的第 1 格内，赏给我一粒麦子，在第 2 格内给 2 粒，第 3 格内给 4 粒，就这样下去，每一格内的麦子都是前一格内麦子数的 2 倍。陛下，把摆满棋盘上所有 64 格的麦粒，都赏给您的仆人吧！"国王听了，心里为自己不致破费太多而暗自高兴，于是命令如数付给达依尔。计数麦粒的工作开始了，第 1 格内放 1 粒，第 2 格内放 2 粒，第 3 格内放 4 粒……还没有到第 20 格，一袋麦子已经空了。一袋又一袋的麦子被扛到国王面前来。但是，麦粒数一格接一格地飞快增长着，国王很快就看出，即便拿全印度的粮食，也兑现不了他对达依尔的诺言。原来，所需麦粒总数是 $2^{64}-1$ =18446744073709551615。这些麦子究竟有多少呢？打个比方，如果造一个仓库来放这些麦子，仓库高 4 米，宽 10 米，那么仓库的长度就等于地球到太阳的距离的两倍。而要生产这么多的麦子，全世界要两千年。

（学生不断发出阵阵惊叹！）

师：听完这个故事，你有什么想说的？

生：我觉得数学真是太神奇了！

生：我以前在书上读到过一句话："知识就是力量！"原先不怎么懂，现在觉得这句话真的很有道理！

......

【思考】"国际象棋发明人的酬劳"的故事的引入，既使学生感受到了数学在生活中的应用价值，增强了对数学学习的积极情感，又开拓了学生的视野，增长了见识。

3

第三章

一题一课，放大教育价值

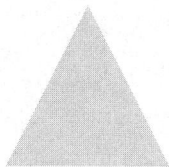

引言　由一道题拓展成一堂课

"材料引起学习，材料引起活动"。学习材料是教与学的媒介，学习材料的选择与使用往往会影响学生对数学知识的理解和数学能力的形成。许多教师在教学中不太关注教材习题等学习材料内涵的挖掘，或者蜻蜓点水、匆匆而过，满足于问题答案的获得，或者过于看重一节数学课解决题目的数量多寡，片面追求快节奏、大容量、高效率的所谓"高效课堂"。这两种情况往往会造成学生习题做了不少，但若是碰到需要灵活、变式的问题就会不知所措、错误百出。这归根结底是因为没有发挥好学习材料应有的教育价值，学生做大量习题只是低水平的重复，很少体验过真正的"生活化"与"数学化"的过程，导致学生的思维能力尤其是高阶思维能力并没有得到质的提升，核心素养的培育并没有真正落地。

为此，笔者尝试在教学实践中开发"一题一课"课程，来拓展、丰富数学习题等学习材料的教育价值。所谓"一题一课"，就是教师通过对一道题或一个学习材料的深入研究，对其所涉及的知识内容进行拓展延伸，挖掘其内在的学习资源与线索，并科学、合理、有序地组织学生进行相关的数学探究活动，从而将这一道题（或一个学习材料）拓展成一节课，让其承载更多的教育价值，以促进学生核心素养的形成与发展。

一、"一题一课"课程的内容选择与价值定位

"一题一课"课程的顺利实施，其关键是教师对课程内容的深入研读以及对学情的准确把握，并据此提炼出适切的课题。课题的选取立足于培

养学生研究数学、学好数学、用好数学的兴趣；立足于数学思想方法的渗透，发展学生的高阶思维能力，提升学生思维的品质；立足于丰富学生学习数学的方式，促进学生积累数学活动经验；立足于拓宽学生的数学视野，体悟数学的价值。

"一题一课"课程的内容取向基于教材而高于教材，基于学生而发展学生。在内容的选择上，注重结合学生实际去寻找数学核心素养的原始生长点，可以是教材中富有内涵的习题、学生学习中的难点问题以及其他有价值的学习材料等。

"一题一课"课程作为数学基础内容的有益补充，选材宜精干，所涉及的主题应明确、具体，以有利于学生深度参与到学习中去。

1. 开发教材中的习题资源

小学数学教材凝聚了众多专家学者对教育的认识、对数学的理解，是实现数学课程目标、实施数学教学的最重要资源。教师应树立正确的教材观，尊重教材但又不"唯"教材，"基于"教材又能"创生"教材。对教材习题资源要进行深入研读，既要读懂每道习题的编写意图，又要把教材读"厚"，整体考虑知识之间的关联，挖掘习题中蕴含的数学思想方法；还应结合学生实际，将习题通过变式、引申、改造等方式，变封闭为开放、单一为多元，充分发挥数学习题的教育价值，做到"题"尽其用，"小题大做"。

比如，"月历表中的奥秘""探秘三角板"等课题，都是将教材习题与探究学习相结合，指导学生通过合情推理去探索思路，推断结果，发现结论，促使学生在"再创造"过程中不断迸发出学习热情和创新思维的"火花"。有序思考、数学推理、几何直观一个不少，综合地发生在探究性学习过程之中，不仅加深了学生对于相关知识的理解，同时也使学科核心素养的培育得到了有效的落实。

2. 研究学习中的难点问题

学习难点是在学习进程中学生感到难以理解、难以掌握之处，常常表现为学习错误。学生在学习中出现的错误，展现了学生的真实思维历程，也是宝贵的教学资源，在教学中同样可以"小题大做"，进行合理的开发和利用。

比如，"长方形的周长和面积有何区别""正方体的展开图有哪些"等等，都是数学学习中的难点。教师可以对相关习题或材料进行深入研究，挖掘其内在的学习线索，并有序组织学生参与相关的数学探究活动。这不仅有利于突破难点、减少错误的发生，又能让学生在收获知识的同时，获得数学思维的发展和活动经验的积累。

3.补充有价值的学习材料

如前所述，教材是最重要的课程资源之一，但并非唯一的课程资源。教师要增强课程意识，根据教材内容进行适度的延伸与拓展，增设一些有利于增强学习兴趣、提升数学思维能力、落实数学核心素养培育的内容，拓展学生数学学习的空间。

比如，"有趣的'对称算式'"一课，借助两位数乘两位数的"对称"算式，引发学生的探究兴趣，在探索验证的过程中强化乘法口算、估算、笔算的练习，提高学生的运算能力。在引领学生充分体会对称之美的同时，经历一次体验深刻的"猜想—验证—再猜想—再验证"的科学研究过程，归纳出"对称算式"中变与不变的规律，发展思维的严密性和推理能力，感受研究问题的方法，体验研究数学的乐趣。

二、"一题一课"课程的实施策略

"一题一课"是以发展学生的数学核心素养为最终目标的，在教学策略的应用上，更加注重以挑战性的问题或任务驱动学生主动去探究，一般以趣味性、实践性、探究性的学习活动为主要形式，鼓励学生主动参与、积极思考，在深刻理解知识本质的同时，感悟数学思想，积累数学活动经验。

比如，人教版教材六年级下册第30页有一道关于圆柱的习题（见下页图），传统习题教学的流程一般是：独立思考（即学生先行自主解决这个问题）—汇报交流（即根据个体自主解决的结果进行组内与组际交流）—归纳总结（即这类问题解决的一般思考方法）—练习应用（即补充类似或变式练习加以巩固应用）。习题教学追求"短、平、快"的课堂节奏和正

15*. 下面4个图形的面积都是36dm²（图中单位：dm）。用这些图形分别卷成圆柱，哪个圆柱的体积最小？哪个圆柱的体积最大？你有什么发现？

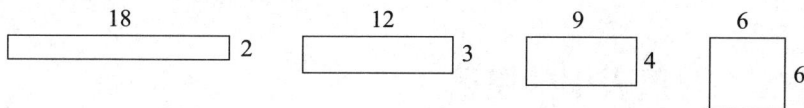

18			
2	12	9	6
	3	4	6

确、熟练的学习效果，但教学功能比较单一。笔者对这道题涉及的知识内容进行拓展延伸，开发了"圆柱侧面积与体积的关系"的数学活动课。教学设计是从一个结论的可能性开始探索，让学生经历"计算—猜想—验证—归纳—运用"的探究过程，自主发现圆柱侧面积和体积的关系，并能解释这种关系背后的道理，使学生对数学知识之间的关联和本质属性有了更深的理解与感悟。这样的过程对学生来说更具挑战性与趣味性，发展了学生的直观想象、推理等数学素养，积累了数学活动经验，将数学核心素养的培育落在了实处。

案例 1　月历表中的奥秘

——"制作月历表"的拓展教学与思考

　　"制作月历表"是北师大版小学数学教材"年、月、日"单元中的一道练习题，教学功能相对单一。笔者以此材料为基础进行深度开发，形成了"月历表中的奥秘"这样一节数学探究课，意图发挥学习材料更丰富的教育功能。

　　全课大致分为三个板块：一是"制作月历表"。将课程内容与真实的生活情境相联系，学以致用，解决现实生活中的问题，培养数学应用意识；二是"探索月历表中的规律"，引导学生多角度观察月历表，与同伴交流、合作，发现其中的数学规律，培养学生的观察、概括、计算、猜想、验证等能力；三是"运用规律解决问题"，设计"猜一猜""算一算"等数学探究活动，引导学生逐步学会有序地进行观察，寻求合理简洁的运算途径解决问题，并清楚地表达自己的想法，发展学生的创新思维。

教学片段一

　　（课前让学生独立制作一份 2014 年 3 月份的"月历表"。课始，全班交流制作的"月历表"。）

　　出示：

2014 年 3 月

星期日	星期一	星期二	星期三	星期四	星期五	星期六
						1
2	3	4	5	6	7	8
9	10	11	12	13	14	15
16	17	18	19	20	21	22
23	24	25	26	27	28	29
30	31	32	33	34	35	36

生：写错了！3 月只有 31 天，怎么会有 36 天呢？

生：我补充一下，3 月是大月，只有 31 天，不能超过 31 天。

师：那么，3 月 31 日过后该是几月几日呢？

生：该是 4 月 1 日。

师：到 3 月 31 日，3 月份就过完了，就进入 4 月份了。那么，3 月 1 日前面那一天是几月几日呢？

生：是 2 月 28 日，因为 2014 年是平年。

【思考】"纸上得来终觉浅，绝知此事要躬行。"通过让学生亲自制作"月历表"，将书本上的数学知识与真实的生活情境紧密联系起来，有利于学生更好地理解所学内容，增强应用意识。

教学片段二

出示正确的月历表：

2014 年 3 月

星期日	星期一	星期二	星期三	星期四	星期五	星期六
						1

星期日	星期一	星期二	星期三	星期四	星期五	星期六
2	3	4	5	6	7	8
9	10	11	12	13	14	15
16	17	18	19	20	21	22
23	24	25	26	27	28	29
30	31					

师：我们一起来观察这张 2014 年 3 月的月历表，你从月历表中能知道哪些信息？

生：我知道一个星期有七天。

生：我知道 1 日是星期六。

生：我知道 3 月 8 日是"三八妇女节"。

生：我知道 3 月 12 日是"植树节"。

师：了不起！大家还知道 3 月份里有这两个节日！还有别的发现吗？

生：我发现 3 月份有 5 个星期日。

师：我们看看月历表，都有哪几天是星期日？

生：（齐）2 日、9 日、16 日、23 日、30 日，都是星期日。

生：我发现 3 月份也有 5 个星期六。

生：我知道 3 月份有 31 天。

生：3 月份有我的生日。

师：哦，你的生日是星期几呢？

生：星期五。

师：哦，你先别说生日是几日，我们做个游戏，其他同学猜一猜你的生日是几日，你来判断对不对。

生：（猜）7 日。

生：不对。

生：（猜）14 日。

生：对了。(众生欢呼)

师：今天 12 日，再过几天就是他的生日了？

生：两天。

师：到时候别忘了给他祝贺生日哟！月历表中不仅有大家刚才说到的信息，表上数的排列也是有规律的，里面藏着许多的数学奥秘。这节课我们就来探索这些数学奥秘。(揭示课题：月历表上的数学奥秘。)

【思考】通过引导"观察月历表"，将数学与生活联系起来，把日期与星期几联系起来，为接下来的探究活动作好准备。"让学生猜生日是几日"是课堂中的现场"生成"环节，不仅反馈了几日是星期几，又增添了教学的趣味性。

教学片段三

出示"学习要求"：

(1)在自己的月历表上找一找，数与数之间有什么样的规律？

(2)想一想：月历表中的这些数之间为什么会有这样的规律？

(3)在小组里与同学说一说你找到的规律和想法。

(学生独立思考，在小组内交流之后开始全班交流。)

生：我是竖着找的，我发现竖着的两个数相差 7。

师：你能举个例子吗？

生：比如，1 日的下面接着就是 8 日，差 7；8 日的下面是 15 日，也差 7。

师：还有谁也发现竖排相邻的 2 个数之间差 7 的规律了？

生：(许多人举手)我也发现了。

师：换一竖列还有这样的规律吗？谁能举个例子？

生：有这样的规律。比如，6 日跟 13 日相差 7，13 日跟 20 日相差 7。

生：星期一这一列也行，3 日跟 10 日相差 7，10 日跟 17 日相差 7。

师：看来，"每一竖列相邻的两个数之间相差 7"还真的是一个规律！想一想，为什么这两个数之间会相差 7 呢？

生：因为一个星期有 7 天。

生：我来补充，1 日是星期六，下个星期六跟它相差 7 天，就是 8 日。

师：大家很棒！不但发现了规律，还能讲清道理！还发现有别的规律吗？

生：（用手比画）我发现这样向右斜着的两个数相差 8。

师：你能举个例子吗？

生：比如，4 日跟 12 日相差 8，12 日跟 20 日也相差 8。

师：换其他数字，还有这样的规律吗？

生：有，比如 2 日跟 10 日相差 8，10 日跟 18 日相差 8。

师：想一想，为什么这样斜着的两个数之间会相差 8 呢？能举个例子说一说吗？

生：比如，2 日是星期日，9 日跟它差 7 天，9 日又过一天是 10 日，所以 2 日跟 10 日就差了 8 天。

生：也就是过了一星期又多一天，所以是 8 天。

师：一个星期有 7 天，再过一天就是 8 天，确实是一个规律。还有不一样的发现吗？

生：有。（用手比画）从右上往左下斜，相邻的两个数相差 6。

师：能举个例子说一说吗？

生：比如，5 日跟 11 日想差 6，11 日跟 17 日差 6。我还知道为什么，因为一个星期有 7 天，少过一天就是 6 天。

师：讲得好！一个星期有 7 天，差一天就是 6 天。还有不一样的发现吗？

生：我发现如果横着看，相邻的两个数差 1。

师：过了 3 日就是 4 日，过了 4 日就是 5 日，我们就是这样一天一天过日子的。

【思考】引导学生观察、发现、验证规律，并有意识地引导学生逐步学会用比较简洁的语言来阐述自己的发现，培养思维和语言表达的条理性。

教学片段四

师：下面我们玩一个"猜一猜"的游戏，猜一猜月历表中的"？"代表的是几日。请看这一个月历表。

日	一	二	三	四	五	六
		？				
	11					

生：是 5 日，11 日的上面是 4 日，再过一天就是 5 日。

生：我也认为是 5 日，我是这样想的：11 日再过一天是 12 日，12 的上面是 12−7=5，所以是 5 日。

生：我是根据前面发现的规律，11 比"？"多 6，11−6=5，所以是 5 日。

师：再看这一个月历表。

日	一	二	三	四	五	六
		？		14		
					？	

生：左边的"？"是 12，因为跟 14 日差两天，14−2=12。

生：右下方的"？"是 22。

师：你是怎么想的？

生：我是根据刚才的规律，14跟"?"相差8，14+8=22，所以是22日。

师：下面我们再做个游戏，用一个大长方形框子框出月历表上的任意9个数，牛老师能一下子就报出这9个数的总和是多少。（学生半信半疑）想不想考考老师？

生：（异口同声）想！

（师生游戏，经过检验，发现老师报的得数都正确，学生感到很神奇！）

生：老师算这么快，您有什么窍门吗？

师：老师算得这么快，是因为老师发现了求这9个数的和的简便算法。请你也动动脑筋，试一试，看能不能找到计算这9个数总和的简便方法。

日	一	二	三	四	五	六
		2	3	4		
		9	10	11		
		16	17	18		

（学生独立思考，小组合作交流，然后全班交流。）

生：我先算第一列2+9+16=27；第二列的三个数都比第一列的数多1，所以第二列的总数比第一列多3，27+3=30；第三列也比第二列的总数多3，30+3=33；最后用27+30+33=90。

生：我是用"凑十法"，2+18=20，3+17=20，4+16=20，9+11=20，20×4=80，80+10=90。

师：用大家的方法算起来确实简便多了，但还不是最简便的。想一想，总和90跟中间的数10有什么关系？

生：中间数10×9就等于总和90。

生：我知道了！中间数是几，再乘9就能算出总和。

师：他提出了一个"猜想"，"中间数乘9"就是这9个数的总和，果真是这样吗？我们来验证一下。下面两人一组在自己的月历表上也像老师这样框9个数，一个人用中间数乘9的方法来算9个数的总和，另一个用其他方法来验证，看看这种方法对不对。

（学生合作举例验证规律，最终大家发现求长方形框中9个数的和确实可以用"中间数×9"来计算。）

师：如果倒过来，知道了月历表中9个数的总和是多少，你能写出这9个数吗？

（学生再一次思考、尝试，然后全班交流。）

生：先用9个数的和除以9求出中间数，再写出中间数上下、左右的数就行了。

【思考】通过"猜一猜"的数学游戏，激发学生进一步观察月历表中的数发现规律，引导学生逐步学会有序地进行观察，并有条理地表达自己的想法，让学生在独立思考、相互交流的过程中，了解"总和与中间数的关系"，体验探索发现的乐趣。

案例 ② 探秘三角板
—— "用一副三角尺画角"的拓展教学与思考

北师大版小学数学教材四年级上册"角的度量"单元中有一道思考题："利用一副三角尺你能画出哪些不同度数的角？"

笔者认为，此题目内涵丰富，教学不能仅仅局限于解决这样一个具体问题，而应深入挖掘三角板中有关数学思考的内容，将之拓展、开发成一节数学活动课，提高学生的学习能力和思维水平，增强学生对数学的积极情感，从而更好地发挥数学内容的教育价值。那么，围绕三角板的数学活动又该以怎样的逻辑线索展开呢？

弗赖登塔尔认为作为教育任务的数学不应该是现成的数学，而应该是学生做出来的数学，"学生应当通过再创造来学习数学，这样获得的知识与能力才能更好地理解，而且能保持较长久的记忆"。他这里强调是"再创造"，也就是说，学生的创造不是创造人类成人不知道的东西，而是创造人类已经创造出来的东西。可能他创造的东西，成人都知道，老师都知道，但是对儿童来说，它是新的。所以，"再创造"的核心是数学过程再现，这是儿童的数学化和数学家的数学化的不同之处。而在数学化过程当中，老师的教和学生的学应该在数学的活动中实现统一，实现"有指导的再创造"。教师的责任就是创设适合于学生进行数学化活动的具体的现实的情境，并有效地指导他们参与到数学化的各个方面中去。

基于此，本节课的教学思路逐渐清晰了起来，教学应该围绕"用一副三角板能画出多少度的角"这个核心问题展开探究，指导学生从已有的事实出发，凭借经验和直觉，通过合情推理去探索思路，推断结果，发现结论，促使学生在"再创造"过程中不断迸发出学习热情和创新"火花"。有序思考、数学推理、几何直观一个不少，综合地发生在"拼摆、画角"的探究性学习过程之中。

教学片段一

师：三角板是我们平时经常用到的一种学习用具，如果用数学的眼光来观察，三角板中还有许多数学奥秘呢！今天这节课我们就来研究研究三角板中的奥秘（板书课题）。

师：你平时都用三角板做什么呢？

生：画线。

生：画角。

师：（出示一块含有 30° 角的三角板）用这块三角板你能画出哪些度数的角？

生：能画出 30°、60° 和 90° 的角。（师板书）

师：（出示另一块含有 45° 角的三角板）用这块三角板画角呢？

生：能画出 45° 和 90° 的角。（师板书）

【思考】师生谈话，唤醒了学生对于三角板的已有知识经验，为接下来的探究活动作好准备。

教学片段二

出示研究任务：用一副三角板拼起来画角，还能画出哪些度数的角？

（1）画角时，两块三角板只能拼一次。

（2）在画出的角中标出角的度数，并写出是由两个多少度的角拼成的。

（3）把用三角板拼起来画出的角，连同用一块三角板画出的角，按照从小到大的顺序排列起来。仔细观察，你有什么发现吗？

（学生独立思考、画角，教师巡视指导。然后，在小组交流的基础上，全班交流。）

生：我们组一共画出了 10 个角，从小到大是 30°、45°、60°、75°、90°、105°、120°、135°、150°、180°。

生：我们组还画出了 15° 的角。

（其他同学都很惊讶：怎样画 15° 的角呢？）

师：你是怎么画的？能在黑板上画一个 15° 的角吗？

生：（边在黑板上画角，边讲画法）先画出 45° 的角，再在里面画出一个 30° 的角，剩下的就是 15° 的角。

（课件演示画 15° 角的过程。）

生：我觉得还可以用 60° 和 45° 的角画出 15°，因为 60°－45° 也等于 15°。

师：非常好！还能画出别的角吗？

生：（摇头）没有了。

师：好的，现在我们仔细观察这些从小到大排列起来的角，有什么发现吗？

生：我发现它们都是 15 的倍数。（全班同学都表示赞同）

生：我发现它们之间都是相差 15°。

生：不对，有两个角相差不是 15°，150° 和 180° 相差 30°。

师：还真是这样啊！前面这些角都符合这个规律，只是到了最后规律"乱"掉了。看到这里，你有什么想法吗？

生：（兴奋地）我有个想法！很可能有一个 165° 的角我们还没有画出来，如果画出来了，每两个角之间都会相差 15°。

（该生的发言引起了班里部分同学的响应：对！对！有可能！）

师：这倒是一个很有价值的猜想！（板书：猜想）你叫什么名字？

生：我叫李晨星。

师：好，这个猜想就叫李晨星猜想（板书）！不过，猜想不见得都是正确的，还需要验证。怎么验证呢？165° 的角怎么用一副三角板画出来呢？而且只能拼一次三角板。

（全班学生又一次陷入了沉思，很快就热烈地讨论了起来。）

生：先画出 15°的角，再以一条边为基础，画出 150°的角，15°和 150°加起来就是 165°。

（其他同学不同意他的说法：只能用一副三角板拼一次呀，不能多次拼！）

师：可以先画出 15°的角，再把 15°角的一条边延长，就得到了 165°的角。（课件动态演示画角的过程）现在我们知道了，用一副三角板能画出几种不同的角来？

生：12 种。

师：这么多种角，怎样记不容易忘呢？

生：可以记它们的规律，两个角之间差 15°，比如我记住了 90°，加 15°就是 105°，减 15°就是 75°，这样就不容易忘了。

师：记住了规律，根据规律去找角就容易多了。现在我们回顾一下刚才寻找角的过程，这 12 个角里面哪个角最不容易找到？

生：165°的角。

师：那我们是怎么找到 165°的角的？

生：我们是先根据规律猜想到会有 165°的角，再去画一画，去验证。

师：没错！我们是先找到了这些角的排列规律，发现相邻的两个角都是相差 15°，只有 150°和 180°却相差了 30°；接着，李晨星大胆地提出了一个猜想，可能我们漏掉了一个 165°的角；然后，我们就想办法去验证，从平角里减去 15°就画出了 165°的角。在这个过程中，你觉得什么最重要？

生：猜想最重要。

师：确实，猜想最重要，但猜想并不是"瞎猜"，而是从已有的事实出发，根据规律进行合情推理（板书：推理）。科学家们在科学研究中也经常用到这种思考问题的方法，比如，天文学家就是运用这样的方法发现了海王星。

（教师介绍科学史上"海王星的发现过程"：海王星最开始并不是用望远镜发现的，而是在笔尖上被发现的。自从发现太阳系的第七颗行星天王星之后，天文学家便开始研究天王星运行的轨道，在研究过程中发现天王星实际运行的轨道和计算出来的轨道不完全一样。天文学家大胆地提出猜想：有可能在天王星之外还有一颗未知的行星在干扰天王星的运动规律。但是，这颗新的行星究竟在哪里呢？天文学家运用数学的方法进行分析计算，用了两年多时间终于推算出了这颗新星的位置。后来，天文学家把望远镜指向用数学方法推算出的新星位置，在那里果真有一颗新的行星存在。这个"在笔尖上"发现的新星就是——"海王星"。）

师：李晨星同学很了不起！他发现了角度中的"海王星"！（同学们的掌声响起）

【思考】培养学生从数学的角度进行思考，直观地、合情地获得一些结果，这是数学创造的根本。上述以解决问题"用一副三角板能画出多少度的角"为载体的探究学习过程中，学生积极参与其中，经历猜想、验证等探索活动，感悟"推理—猜想——验证"的数学思维方式，在收获经验与感悟的同时，创新火花不断迸发。学生将画出的角度从小到大有序排列，其实就是在进行理性思维；学生依据已有规律猜测出 165° 的角，实际上是在进行合情推理；"海王星发现过程的介绍"开阔了学生视野，增长了见识，让学生更加深切地感受到数学的魅力与价值。数学核心素养的培育在上述探究性学习中得到了有效落实。

案 例 3　学会"聪明地算"
——"两位数乘 11"的拓展教学与思考

　　"数学好玩"是数学大师陈省身先生为少年儿童的题词。怎样才能让学生感受到"数学好玩"呢？数学的魅力就在于它能够对人的心智产生挑战，学生正是在攻克一个个数学"难关"中体验到学习数学的乐趣的。

　　就计算教学而言，如果一味强调所谓的"熟能生巧"，注重机械训练，获得的只是正确率的提高，其代价却是学生思维的单一化和学习过程的枯燥乏味，导致"熟能生笨""熟能生厌"。要把计算技能的训练与思维能力的培养有机地结合起来，引导学生由单纯的计算（"动手"）转向更为深入的思考（"动脑"），让计算不仅仅是一种机械的程序化操作，也能不断地对学生的心智产生挑战，从而帮助学生逐步学会"聪明地算"。

　　基于上述思考，笔者在教学"两位数乘两位数"时对教材中编排的如下"找规律"练习题进行了改造，拓展成了一节数学活动课。

9.计算下面第一列各题，你发现了什么规律？请根据规律直接填写其他各题的得数。

$31 \times 11 =$	$41 \times 11 =$	$50 \times 11 =$
$32 \times 11 =$	$42 \times 11 =$	$51 \times 11 =$
$33 \times 11 =$	$43 \times 11 =$	$52 \times 11 =$
$34 \times 11 =$	$44 \times 11 =$	$53 \times 11 =$
$35 \times 11 =$	$45 \times 11 =$	$54 \times 11 =$

确实，上题中的两位数乘11，乘积是有规律的。让学生研究这类乘法，发现积的规律，能够品尝数学探索的艰辛、严谨和成功的喜悦，在知识技能、数学思考以及情感态度等方面得到实实在在的发展。如何发挥习题更大的教学价值呢？笔者试图在基于此习题拓展而成的活动课上，通过精心设计的数学活动，使学生既巩固两位数乘两位数的计算技能，使学生的思维更加深刻和灵活，又让学生体会到计算中也有策略和发现的欣喜，平淡甚至有些枯燥的计算教学也可以多一些思维的乐趣。需要指出的是，这里"计算规律"的得出与否并不是最重要的，更重要的是学生在学习过程中的探究体验，是"猜想—验证"过程中的一次次"眉头紧锁"与"恍然大悟"，是探究过程中累积下来的研究问题的方法与活动经验。

教学片段一

出示"学习任务单一"：

（1）列竖式计算：12×11，14×11，15×11，17×11。

（2）仔细观察几道乘法算式的因数和积，你有什么发现吗？

（学生独立计算，小组内交流答案和自己的发现，然后全班交流，逐步形成如下板书。）

$12 \times 11 = 132$

$14 \times 11 = 154$

$15 \times 11 = 165$

$17 \times 11 = 187$

生：我发现它们都是一个乘数是两位数，另一个乘数是11。（师板书：两位数乘11。）

生：我发现积的百位上的数和第一个因数十位上的数一样，积的个位上的数和这个因数个位上的数一样。

生：我发现积都是三位数，百位上都是1。

生：我发现积的十位上的数是把第一个因数个位与十位上的数加起来。

师：（追问）谁听懂他的意思了？

生：他说"积的十位上的数是把第一个因数个位与十位上的数加起来"。

师：能举个例子吗？

生：比如 12×11=132，把 12 的十位和个位上的数相加，1+2=3，就是积的十位上的数 3。

师：大家看一看，其他几个算式有没有这个特点？

生：（惊喜地）还真的有！ 14×11=154，1+4=5；15×11=165，1+5=6；17×11=187，1+7=8。

【思考】教学中主要通过观察和比较来发现规律，即观察、比较每一道算式的积和两个因数，研究其中的某些对应联系，初步发现这类乘法算式的积的规律。通过仔细观察四道算式的因数和积，学生归纳出了这几道算式的一些特点，这是对规律的初步提炼和表达。而教师在关键处的连续追问——"谁听懂他的意思了""能举个例子吗"，把一个同学的发现变成了全班同学共同关注的问题，有效地促进了学生的思考和交流的深入。

教学片段二

出示"学习任务单二"：先根据刚才的发现猜一猜 24×11 和 45×11 的结果是多少，再列竖式验证自己的猜想。

（学生独立完成后，先在小组内交流，然后全班交流。）

师：说一说你是怎么猜测的，验证后结果正确吗？

生：我猜测 24×11=264，45×11=495，列竖式计算发现是结果是对的。

（其他同学大都同意他的意见。）

师：仔细观察，你发现一个两位数与 11 相乘的得数有什么共同特点？

生：我发现积的百位上的数与两位数的十位上的数相同。

生：我发现它们的积就是把两位数的两个数字向两边分开。

师："积就是把两位数的两个数字向两边分开"，谁听懂了她的意思了？

生：她的意思是积的百位数字和个位数字就是两位数的两个数字分开得到的。

师：大家仔细看看，积的百位上的数和个位上的数有这个特点吗？

生：有。

师：积的百位数字和个位数字的秘密被我们发现了，那积的十位上的数呢？它有什么特点？

生：积的十位上的数就是那两个数字加起来的和。

生：积就是把两位数分开写两边，中间放它们的和。

师：你能举个例子说一说吗？

生：24×11，把 2 和 4 写两边，2+4=6 写中间，就得到 264。（他的发言令许多同学"恍然大悟"，赢得了全班的掌声！）

师：你们真棒！发现了"两位数乘 11"的计算规律，能不能用简洁的话总结一下规律？

生：往两边一拉，就是百位和个位上的数；两个数一加，就是十位上的数。

师：总结得很好！还可以再简洁一些，"两边一拉，中间一加"（板书）。怎么样？

生：（兴高采烈地重复着）两边一拉，中间一加。太好玩了！

师：请大家再想一想，为什么两位数乘 11 会有这样的计算规律呢？

（学生独立思考，小组讨论，全班交流。）

生：就拿 24×11 来说，大家看这个竖式，先算 1 个 24，再算 10 个 24，然后把 10 个 24 和 1 个 24 加起来，240+24，百位上就是 2，十位上就是 4+2，个位上就是 0+4=4。

生：我用 17×11 为例，从竖式里能看出来，10 个 17 加上 1 个 17，就是 170+17，百位上是 1，十位上是 7+1，个位上 7。

师：真好！从乘法竖式里就能找到"规律"的依据。

【思考】探索规律的主体是学生，总结和表达规律的主体仍然是学生。上述教学中，引导学生开展探索活动，先大胆猜想，再仔细验证，在深层次的对话中归纳出计算规律，然后引导学生从运算意义的角度解释计算规律，把竖式计算与发现的规律联系起来，使学生不仅"知其然，更知其所以然"。探究过程中尤其注重让学生用举例子的方法来说明自己的想法，有效地弥补了语言表达能力方面的不足，促进了学生对规律的通透理解。

教学片段三

出示"学习任务单三"：按照刚才发现的规律，写出 23×11、64×11、57×11 的结果分别是多少，再用列竖式计算的方法验证。

（学生独立完成，然后全班交流。）

生：$23 \times 11=253$，因为两位数的个数与十位上的数相加是 5，所以乘积十位上是 5，"两边一拉"，乘积百位上是 2，个位上是 3。

（全班同学都赞同他的做法。）

生：我按照规律写 64×11 的结果时发现，"中间一加"，6+4=10，需要"进位"，进位 1+6=7，我猜结果应该是 704，然后我用竖式计算验证了一下，发现我的猜想是对的。

师：谁听懂他的意思了？

生：我听懂了，6+4=10，乘积十位上的数需要向百位进一，所以百位上应该是 6+1=7，十位上是 0，个位是 4，得数就是 704。

生：我补充一下，从竖式里也能看出来，1 个 64 加上 10 个 64，十位上的 6 加 4 等于 10，要向百位进 1。

师：对呀，"满十进一"，积的百位上的数字就得加上"进位 1"。看来，我们需要对"两边一拉，中间一加"的规律做些补充，怎么补充呢？

生：如果"中间一加"满十了，就要在百位上再加 1。

师：我们可以把它修正为"中间一加，两边一拉；中间满十，百位加1"。（完善板书）这是一个经过完善了的规律。59×11 的得数符合这个规律吗？

生：符合，5+9=14，百位上就加 1，5+1=6，十位上是 4，个位是 9，所以得数是 649。

【思考】通过仿照既有的规律，再写出几道算式的得数，既可以进一步熟悉规律的内容，又能促使学生自己想办法解决遇到的新问题，通过尝试、验证，补充与发展原来的规律。学生经历"初步发现—继续验证—最终确认"的过程，在探索和体验中逐步完善自己的"发现"，感受规律产生的过程，培养了严谨的学习态度。

教学片段四

出示"学习任务单四"：计算下面各题。

23×22=   47×33=   52×44=

（学生看了看这三道题，开始时并没有发现简算的方法，很多同学又低头列起竖式来。）

师：（启发）难道只有列竖式这一条路吗？再仔细观察一下，想一想这几道题跟前面"乘11"的题目有联系吗？小组同学讨论一下。

（小组讨论得很热烈，不一会儿，就有不少学生欣喜地叫了起来，"哦！我发现了！可以把22看成11×2，33看成11×3，44看成11×4，就可以用上刚才发现的规律了！"学生独立完成后，全班交流。）

生：23×22=23×11×2，先算23×11=253，253×2=506。

生：47×33=47×11×3，先算47×11=517，517×3=1551。

……

师：算完这几道题，你有什么体会？

生：这几道题看起来好像与刚才发现的规律没有关系，但仔细看就会发现22、33、44与11有关系，可以把它们先转化成11，就可以用规律来计算了。

生：我体会到做题的时候不能一看题目就傻乎乎地下笔做，要仔细看，多动脑筋，学聪明些。（众笑）

师：做计算题也需要我们认真审题，仔细分析算式中数据的特点，就容易找到"聪明算"的算法了。

【思考】在探索合理简洁的计算方法过程中，学生由"眉头紧锁"到"恍然大悟"，整个过程"波澜起伏"，充盈着思考。学生感悟到"计算也需要审题"，学会了"聪明地算"，也体验到了数学学习的乐趣，感受着"数学好玩"。

案例 4　有趣的"对称算式"
——"两位数乘两位数的练习"的拓展教学与思考

　　练习课在巩固知识、熟练技能的同时，对感悟数学思想方法，积累数学活动经验，培养对于数学的良好情感与态度等方面同样起着重要的作用。在核心素养的背景下如何设计练习课？如何激活学生的思维，练出精彩？笔者在人教版三年级下册"两位数乘两位数的练习"的教学中，作了一些尝试。

　　本课意图借助两位数乘两位数的"对称"算式，引发学生的探究兴趣，在探索规律的过程中强化两位数乘两位数的口算、估算、笔算练习，提高学生的运算能力。在引领学生充分体会"对称"之美的同时，经历一次体验深刻的"猜想—验证—再猜想—再验证"的科学研究过程，归纳出"对称算式"中变与不变的规律，发展思维的严密性和推理能力，感受研究问题的方法，体验"数学好玩"。

教学片段一

　　（教师演示：把一个长方形对折，左右两边完全重合。）

　　师：长方形是一个对称图形（板书：对称），对折后两边完全重合。那么，除了图形有"对称"，别的地方会有"对称"吗？

　　出示：我笑猫小。

师：文字也可以对称，假如在这添上一条对称轴（在"小"后面添上对称轴），你能读出后面的部分吗？学生自由试读。

出示：小猫笑我。

师："我笑猫小，小猫笑我"有什么特点？

生：从左往右读跟从右往左读是一模一样的。

再出示：人过大佛寺，对称的后一句应该是什么？

生：寺佛大过人。

师："人过大佛寺，寺佛大过人"有什么特点？

生：从左往右读跟从右往左读也是一模一样的。

师：这样的句子叫回文。（板书）

师：对称体现在图形里，就形成了美丽的对称图形；对称体现在文字里，就形成了有趣的回文。那么，让对称体现在算式中去，就会形成"对称算式"。比如，12×42，跟它对称的是 24×21，你能看出这组对称算式的特点吗？

生：两个因数的十位数字和个数数字颠倒了一下。

师：按照对称算式的特点，你能写出 62×13 的另一半吗？

生：62×13 的对称算式是 31×26。

师：这些对称算式有什么秘密呢？今天我们就一起来探索对称算式的奥秘。（板书课题：探索对称算式的奥秘。）

【思考】建立大教育、大数学的理念，沟通知识间的联系，由"对称"引出"对称图形""回文""对称算式"，激发了学生的学习兴趣。

教学片段二

（引导学生观察两组"对称算式"。）

$12 \times 42 \longrightarrow 24 \times 21$

$62 \times 13 \longrightarrow 31 \times 26$

师：猜一猜，每组对称算式的得数一样吗？怎样去验证呢？

生：列竖式计算出来结果，看看是不是相等。

（学生独立计算，验证结果。）

师：经过验证，我们发现它们的积是相等的。（板书：$12 \times 42 = 24 \times 21$，$62 \times 13 = 31 \times 26$。）研究到这里，你有什么问题或者新的想法吗？

生：是不是所有的算式都有这样的规律呢？

师：好问题！这也是一个很好的猜想！是不是所有类似的算式都有这样的规律呢？这个猜想对不对呢？

生：再举例验证。

（学生独立举例，计算验证，全班交流。）

生：这个说法是错误的，我找到反例了。$21 \times 15 = 315$，$51 \times 12 = 612$，结果不相等。（师板书：$21 \times 15 \neq 51 \times 12$。）

师：还有别的反例吗？

生：$32 \times 12 \neq 21 \times 23$。

师：其实，在数学上，我们要证明一个说法是错误的，只要举一个反例就够了。看来并不是所有这样的算式都有这样的规律。刚才验证两个算式的结果是否相等时，是用竖式算出了准确的结果再比较，有些麻烦！想一想，还有更简单的方法吗？

生：还可以估算。$21 \approx 20$，$20 \times 15 = 300$；$51 \approx 50$，$50 \times 12 = 600$，所以这两个算式的结果不相等。

师：估算真是个好方法！当不需要精确的结果时，用估算更简便！大家发现没有，非常奇怪，老师写的两个算式怎么都是对的，而你们写的这几个算式为什么都不对呢？难道这里面还有什么秘密吗？请大家仔细观察，小组内讨论一下。

（学生小组讨论后全班交流。）

生：我发现一个因数的十位数字乘另一个因数的十位数字，跟一个因数的个位数字乘另一个因数的个位数字的结果相等，这两个算式的积就相等。

师：这又是一个很有价值的猜想！这个猜想对不对呢？怎样验证？

生：再举例子。

师：如果再举例子，你觉得这次举的例子要满足什么条件？

生：要举十位数字的乘积等于个位数字的乘积的例子。

（学生举例验证，全班反馈，发现这个猜想是正确的。）

师：（总结）十位乘积等于个位乘积的两位数乘两位数，利用对称写出新的算式，它们的积是相等的。（板书：十位乘积等于个位乘积。）

【思考】在"找到规律—怀疑规律—验证规律—否定规律—完善规律"的过程中，学生不断肯定与否定自己的想法，不再轻信别人口中的答案，整个课堂充满了思辨的气息。学生学到的不仅仅是一个数学规律，收获的也不仅仅计算能力，更提升了思维品质。

案例 5　以疑促思，以思蕴学

—— "长方形周长与面积的关系"教学案例与思考

我们所处的现实世界，从来都不是把长方形的周长和面积割裂开来的，一出现长方形，周长和面积便自在其中。在北师大小学数学三年级下册教材"面积"单元中，编排有这样一道把周长和面积综合起来的题目：

用长 16 厘米的铁丝围长方形，你能围出几种？填一填。（长宽都是整厘米！）

长/厘米				
宽/厘米				
周长/厘米				
面积/厘米				

你有什么发现？（1）周长不变，面积发生变化……（2）长和宽越接近，面积……

这道联系生活的综合性问题考查的是当周长固定不变时，面积的大小随着长、宽改变的规律，即"当长和宽越接近时，长方形的面积越大；当长和宽相差越多时，长方形的面积越小；当长和宽相等时，也就是正方形时，面积最大"。

这道题中没有直接给出长和宽，而是让学生自己分析出实际问题中的长和宽分别是多少，不仅要把铁丝分成若干部分，还要思考到底怎么分面积是最大的。这样的问题，既具有现实意义，又具有浓浓的"数学味儿"，是发展学生高阶思维能力的绝好材料。笔者萌发了将其开发成一堂数学课的想法，意图引导学生充分经历辨析、比较、猜测、验证的数学活动过程，体验"周长不变时，面积是如何变化的"，发现暗藏其中的数学规律，发展学生的高阶思维能力，落实数学核心素养的培育。

教学片段一

师：（出示）这里有两根铁丝，一根长 20 厘米，一根长 24 厘米，用这两根铁丝分别围成一个长方形。猜一猜，哪根铁丝围成的长方形面积大？

生：用 24 厘米围出的长方形面积大。（其他同学都表示同意）

师：为什么？

生：因为 24 厘米比 20 厘米长。

师：你们的意思是周长长的面积就大？

生：是的。

师：（质疑）真的是这样吗？

生：不一定。（面对老师的质疑，许多孩子"动摇"了想法，更多的孩子陷入了沉思。）

师：想一想，用什么办法能证明"周长长面积就大，周长短面积就小"这个想法是不是正确呢？

生：可以举个例子算一算。

师：很好的办法！数学上经常用的方法就是举例子、找"反例"（板书），也就是只要能找到一个周长短但面积反而大的例子就能证明这个说法是错误的。试一试，你能找到反例吗？

（学生独立思考、尝试后，全班交流。）

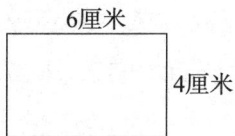

6厘米

4厘米

图一

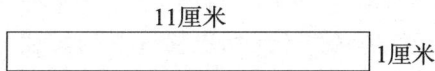

11厘米

1厘米

图二

生：图一的周长是（4+6）×2=20（厘米），面积是 4×6=24（平方厘米）。

图二的周长是（1+11）×2=24（厘米），面积是 1×11=11（平方厘米）。

周长是 20 厘米的长方形面积是 24 平方厘米，比周长是 24 厘米、面积是 11 平方厘米的长方形大多了。

师：你是怎么想到长方形的长与宽是 4 和 6 的？

生：（长＋宽）×2＝周长，所以"周长÷2＝长＋宽"，长＋宽＝10，我就想到长是 6 厘米，宽是 4 厘米。

师：大家听明白了吗？根据长方形的周长先求出长加宽的和是几，再举例子验证，是个好方法！经过验证，我们发现，周长长的长方形面积真的不一定大。

【思考】通过拿两根长度不同的铁丝围成长方形让学生比较面积大小，引起思考，引发猜想，激发学习欲望，既复习了"长方形周长的计算"这一旧知，同时也让学生初步体验到"得出正确的结论一定要经过验证""可以采用找反例的方法来验证结论是否正确"等研究方法，为新知的探究作好了知识和方法上的准备。

教学片段二

师：如果我们用两根 24 厘米长的铁丝分别围出一个长方形和正方形，这两个图形的周长分别是多少？

生：周长都是 24 厘米。

师：它们的周长相等，那么你来猜一猜它们谁的面积大？

（学生的想法不一，三种情况都有。）

师：在周长相等的情况下，你们有了不一样的猜想：长方形的面积大；

正方形的面积大；面积一样大。（板书）哪个猜想正确呢？怎样验证呢？

生：可以举例子，列出长方形的长和宽以及正方形的边长，求出面积来验证。

生：还可以画出长方形和正方形，算出它们的面积来验证。

师：举例子、画图都是研究问题的好方法！周长 24 厘米的长方形到底能分成哪些不同情况呢？你可以在下面的表格里试着填一填。

（学生独立思考，填写练习纸上的如下表格。）

用 24 厘米长的铁丝围一个长方形或正方形，它的面积可能是多少？

序号	周长（厘米）	长（厘米）	宽（厘米）	面积（平方厘米）
①	24	11	1	11
②	24	10	2	20
③	24	9	3	27
④	24	8	4	32
⑤	24	7	5	35
⑥	24	6	6	36

师：仔细观察，你发现什么规律了吗？先在小组内交流一下。

（小组交流后，全班交流。）

生：我发现从上往下看，长越来越小了，宽越来越大了。

师：长越来越小，宽越来越大，说明长与宽相差得越来越——

生：小。

师：长与宽相差得越来越小，我们就说长与宽越来越接近（板书）。还有什么发现吗？

生：从上往下看，面积越来越大。

生：我发现，正方形的面积最大。

师：确实，从上往下看，长方形的面积越来越大，到"长 = 宽"时，长方形就变成了正方形，这个时候的面积是最大的。（板书）大家想一想，面积的大小变化与长和宽的大小变化之间有联系吗？

生：我觉得长与宽越接近，长方形的面积越大。当长与宽相等的时候，面积是最大的。

师：同学们真了不起！发现了长方形的周长与面积之间的关系：当周长一定时，长和宽相差越小，围成的面积越大。正方形的面积比长方形的大。（板书）再想一想，为什么当周长一定时，长与宽越接近，它的面积就越大呢？下面，我们看一看课件演示来解开这个秘密。

（教师边用课件动态演示，边讲解。）

师：当长减少1厘米时，面积就相当于减少了1平方厘米，我们来看看减少的是哪部分。（课件闪动）当宽增加1厘米时，面积就相当于增加了10平方厘米。这样，面积一增一减，实际上就增加了多少平方厘米？（9）但是长减少1厘米，宽增加1厘米，长方形的周长并没有改变。

再认真观察，当长又减少1厘米时，面积就相当于减少了2平方厘米，我们来看看减少的是哪部分。（课件闪动）当宽增加1厘米时，面积就相当于增加了9平方厘米。这样一多一少，面积实际上就增加了多少平方厘米？（7）

我们接着往下看看，看看减少的是哪部分的面积，增加的是哪部分的面积。（课件演示）

生：我明白了，减少的和增加的数量不一样，长与宽越接近，实际增加的越多，面积就越大。

师：同学们，当我们得出一个结论的时候，不光要知道这个结论是什么，还要深入思考为什么会有这样的结论。

【思考】通过动态直观图的展示，让学生对待数学知识"不但知其然，而且知其所以然"，培养学生严谨的学习态度。另外，结合图形让学生理解，促使形象思维与抽象思维相结合，最终把复杂问题变得简单，让学生更加通透地理解所发现的结论。

教学片段三

师：学习了长方形周长与面积之间的变化规律，有什么用处呢？下面老师来讲一讲"大数学家欧拉的故事"，看看他是如何应用这个规律的：

欧拉是著名的数学家，他小时候要帮助爸爸放羊。爸爸决定建造一个新的羊圈，用尺子量出了一块长方形的土地，长40米，宽15米，面积正好是600平方米。爸爸算了算，围这样一个羊圈，需要用110米长的篱笆，可他发现他的材料只够围100米的篱笆，不够用。正当父亲感到为难的时候，小欧拉却向父亲说："我能用100米长的篱笆，围成一个比这个羊圈面积还大的羊圈。"

师：你知道欧拉是怎样解决爸爸的这个难题的？请你先在纸上算一算，然后和同伴交流你的意见。

（学生独立思考，尝试解决，然后全班交流。）

生：可以把羊圈改成正方形的，这样的面积最大。

师：我们来看看欧拉是不是跟你们想的一样。欧拉的确是把原来长方形的羊圈变成了一个边长为25米的正方形。他用仅有的100米的材料，不仅解决了这个问题，而且还使羊圈的面积变大了。你们看，这就是学习数学的价值所在，学习数学可以使我们变得越来越聪明。

【思考】讲述大数学家欧拉小时候"围羊圈"的故事，既能让学生体会数学规律在生活中的应用，又能激发学生解决问题的欲望，体会到学习数学的价值——可以使我们变得越来越聪明，还增长了见识。

案例 6　润"数"有形，踏"学"无痕

——"和的奇偶性"的拓展教学与思考

探索规律是一种十分重要的数学活动。通过探索规律的教学，一方面有助于学生更好地把握数学知识之间的内在关联，感受数学知识和方法的广泛应用，逐步增强从相似现象中抽取本质、从变化过程中提炼共性的能力；另一方面也有助于学生初步感受抽象概括、归纳类比、猜想验证等常用的数学思想方法，感受数量之间相互依存、彼此影响的对应法则，逐步形成乐于探究、善于探究的自主学习品质。在探索规律的教学中，规律本身往往并不是教学的重点，重点是要让学生经历探索规律的过程，感受探索规律的方法，积累探索规律的经验，逐步提高探索学习的能力。下面以教学"和的奇偶性"的规律为例加以说明。

"和的奇偶性"是人教版教材五年级下册"因数和倍数"单元精心安排的"探索规律"的教学内容。

本课旨在让学生通过举例、观察、比较和归纳，发现"和的奇偶性的规律"，积累探索规律的经验，培养学生的推理能力和创新意识。可见，让学生在主动探索规律的过程中感悟探索规律的方法，积累探索规律的经验，应是本节课的重点和难点。

基于以上认识，笔者试图通过"发现规律—解释规律—拓展规律"三个层次的教学，引领学生经历寻找"和的奇偶性"规律的推理过程，发展学生思维。

教学片段一

师：每个同学的书包里面都有很多的书。请你任意拿出一本书，把它打开，看看左右两边的页码各是多少，并将表示页码的两个数相加。

（学生按要求操作、计算。）

师：算出的两个数的和是奇数的请举手！算出的两个数的和是偶数的请举手！咦，奇怪，怎么和是偶数的一个都没有？每人把手中的书重新打开一次，并计算左右两边页码数相加的和，看看问题究竟出在哪里。

（学生再次操作、计算。）

师：两个数的和是偶数的请举手！

（沉默片刻之后，有学生激动地叫了起来：老师，我知道了，不管怎样打开，也不管是什么书，左右两边的页码数都是一奇一偶，把它们相加，和一定是奇数，不可能是偶数！）

师：其他同学再看看自己手中的书，是不是打开后左右两边的页码数都是一奇一偶？

生：是的，是的。

师：这确实是一个十分有趣的现象，不管什么书，也不管怎样打开，左右两边的页码数一定是一奇一偶，而且把它们相加，得到的和一定是奇数。从这个现象中，你能想到哪些值得研究的问题？

生：为什么一本书打开后，左右两边的页码数一个是奇数，另一个是偶数？

生：为什么一个奇数加上一个偶数，和一定是奇数？

师：两个非 0 自然数相加，除了奇数加偶数或偶数加奇数这两种情况，还可能出现哪些情况？

生：还可能出现奇数加奇数，偶数加偶数这两种情况。

师：现在你觉得值得我们进一步研究的问题还有哪些？

生：两个非 0 自然数相加，和可能是奇数，也可能是偶数。问题是，什么情况下和是奇数？什么情况下和是偶数？背后的原因又是什么？

……

【思考】上面的教学过程没有急于抛出需要学生研究和解决的问题，而是从一个有趣的生活现象入手，先引导学生基于现象本身提出"一个奇数加一个偶数，和为什么一定是奇数"这个问题，再启发他们将问题进一步拓展到"两个非0自然数相加，什么情况下和是奇数，什么情况下和是偶数，以及为什么"这个更具一般意义的问题。由此出发，接下来的举例验证、归纳发现，乃至分析推理也就显得水到渠成了。

教学片段二

师：你们觉得两个自然数相加的和是奇数还是偶数，与什么有关？

生：跟这两个自然数是奇数还是偶数有关，如果是奇数＋偶数，和就是奇数；如果奇数＋奇数，和就是偶数；如果是偶数＋偶数，和也是偶数。（师板书）

师：跟这两个数的大小有关吗？

生：没有关系。

师：大家意见一致，都认为和的奇偶性跟两个加数的奇偶性有关，并且提出了自己的猜想，怎样验证猜想呢？

生：举例子。

（学生以一些加法算式为例，验证了自己的猜想。）

师：刚才大家通过举例验证了和的奇偶性的规律，但我们全班总共就举了一百多个例子，会不会在某个角落里藏着一个算式，不符合我们发现的规律？我们能不能想办法弄清楚它的内在道理呢？

（学生先独立思考，然后小组讨论，教师组织学生交流想法。）

生：我有办法证明奇数＋奇数＝偶数。从第一个奇数中拿出1给第二个奇数，这样两个数都变成了偶数，偶数＋偶数的结果一定还是偶数。

师：有道理，不过前提是我们要确认"偶数＋偶数＝偶数"是正确的。谁能证明"偶数＋偶数一定等于偶数"？

（小组讨论后，全班交流。）

生：我们组讨论的是，因为第一个偶数是2的倍数，第二个偶数也是

2的倍数，可以用乘法分配律把公因数2提取出来，所以它们的和一定是2的倍数。

生：我们组认为一个数是奇数还是偶数只是由它个位上的数字决定的，只要把0～9这10个数字相加的情况都列举出来就能证明所有的情况了。

师：大家觉得有道理吗？

生：有道理！

（在学生充分交流的基础上，教师课件呈现下图，带领学生通过数形结合再次强化对规律的内涵的理解。）

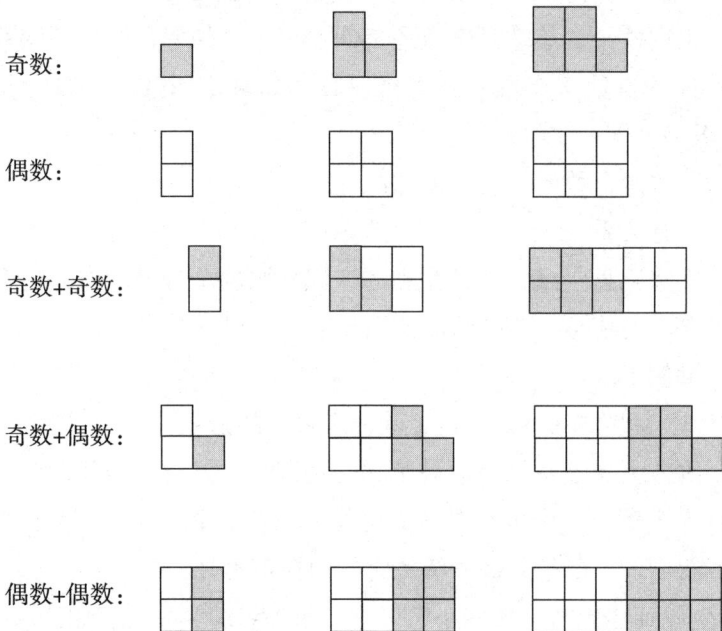

【思考】归纳推理时，即使我们可以举出无数个这样的例子（正例），同时又举不出一个反例，也不能等同于真正的证明。那么，怎么能增加结论的"可靠性"呢？这就需要让学生弄清"规律背后的道理"。教学中，通过教师不断地质疑引导，启发学生想办法对所归纳的结论作出自己的解释和说明。教师把握时机，适时通过数形结合形象地说明"两个数相加，和的奇偶性存在这样规律的道理"，"形"使"数"更直观，帮助学生透彻地理解了"规律背后的道理"。上述教学过程，让学生经历了从归纳猜想到演绎论证的全过程，让学生体会到了科学研究的方法，发展了学生的推理素养。

教学片段三

师：现在我们再回头来看刚才的"页码之和是奇数"的问题，你能用"和的奇偶性规律"解释一下吗？

生：因为偶数＋奇数＝奇数，和不可能是偶数。

师：现在我们知道了，两个数相加时，如果两个加数的奇偶性相同，那么和一定是偶数；如果两个加数的奇偶性不同，那么和一定是奇数。想一想，如果有更多个数相加，和的奇偶性又会有怎样的规律呢？

生：和可能是偶数，也可能是奇数。

生：可以先列出一些连加的算式，算出它们的和，再找出其中的规律。

出示：21+16+24。让学生判断和的奇偶性。

生：我计算过了，这3个数相加的和是61，是奇数。

生：我觉得可以用刚才发现的规律，因为21+16的和是奇数，奇数再加偶数24的和一定是奇数。

师：你能通过推理作出判断，非常好！想一想，如果在这个连加算式的后面再添一个加数，得到的和是奇数还是偶数？

生：不能确定，要看添的是奇数还是偶数。

师：如果后面添的是一个偶数，得到的和是奇数还是偶数？

生：和还是奇数，因为前面连加算式的和是奇数，再添一个偶数，奇数加偶数的和仍然是奇数。

师：如果在四个数连加的基础上，再添一个偶数，和是奇数还是偶数？

生：和还是奇数。

师：再添一个偶数呢？

生：和仍然是奇数。

师：像这样一直添加下去，你有什么想说的？

生：一个奇数不管加上多少个偶数，和都是奇数。

生：连加算式中和的奇偶性与加数中偶数的个数没有关系。

生：我觉得连加算式中和的奇偶性应该与奇数的个数有关。

……

【思考】上面的教学活动，从三个数连加的算式入手，先引导学生初步掌握判断连加算式中和的奇偶性的基本思考方法，再通过在三个数连加的算式之后依次不断地添加偶数的操作，启发学生在变化中激活思维、打开思路，逐步形成有价值的数学问题。在这样的过程中，学生初步意识到"连加算式中和的奇偶性应该与奇数的个数有关"，但并不知道究竟存在怎样的关系。如此一来，不仅能使接下来的探索活动显得自然顺畅，而且也能为接下来的探究活动提供正确的目标和方向。

教学片段四

师：我们来讨论一下，为什么"连加算式中和的奇偶性与加数中偶数的个数没有关系"呢？

生：因为最后都可以归结为"偶数＋偶数"，它们的和就是偶数。

师：有理有据，很棒！那为什么"连加算式中和的奇偶性与奇数的个数有关"呢？

生：因为奇数个奇数，可以两个奇数、两个奇数地配对儿，每一对的和都是偶数，最后会多出来一个奇数，偶数加上最后多出来的奇数，结果一定是奇数。

师：很有道理！那偶数个奇数的结果呢？

生：如果是偶数个奇数，正好可以两个两个地配对儿，没有剩余，每一对的和都是偶数，不管多少个偶数相加，结果一定都是偶数。

师：你们的总结真是太精彩了！现在我们归纳一下，一个加法算式和的奇偶性与加法算式中偶数的个数没有关系，不管是多少个偶数相加，和都是偶数。如果是奇数相加，关键看这个算式中奇数的个数，如果是奇数个奇数，和就是奇数；如果是偶数个奇数，和就是偶数。请大家运用你们发现的规律，判断 1+2+3+……99+100 的和是奇数还是偶数。

……

【思考】除去对规律本身的认识和检验，对已发现的规律作出新的推广或发展，并真正弄懂规律背后的道理，是对规律认识的深入与完善。上面的教学活动，引导学生通过演绎推理，发现若干数相加的和的奇偶性规律，把学生的思维不断引向深入。

教学片段五

师：今天我们一起研究了"和的奇偶性规律"。回忆一下，我们是怎样想到研究这个规律的？

生：我们发现，任意翻开一本书，表示页码的两个数相加，和都是奇数。

师：由这样的现象，同学们想到了什么问题？

生：我们想到两个非 0 自然数相加，和可能是奇数，也可能是偶数，这里面有什么规律呢？

师：最后我们发现的规律是什么？

生：偶数＋偶数＝偶数，奇数＋奇数＝偶数，偶数＋奇数＝奇数。

师：得出这些结论后，我们又做了什么？

生：我们想办法去验证，弄懂道理。

师：我们是用什么方法去验证的？

生：举例子、画图。

师：得出两个数相加和的奇偶性规律之后，我们又想到了什么？

生：如果是更多的数相加呢？它们的和有什么规律吗？

师：最后得出的结论是什么？

生：和的奇偶性与加法算式中偶数的个数没有关系，跟奇数的个数有关系。如果是奇数个奇数，和就是奇数；如果是偶数个奇数，和就是偶数。

师：根据已经发现的规律，你还能想到什么？

……

【思考】课堂总结是数学课堂教学的有机组成部分。从功能看，它既是一节课的概括，又是学生进一步学习的起点和动力；从内容看，它不应该是知识和方法的简单再现，而要尽可能展示学生学习过程中的各种体验和感悟，实现基本数学活动经验的有效提升。在探索规律的教学中，后者则显得更加重要。上面的课堂总结，突出了问题与思路、过程与方法、收获与感悟、拓展与延伸，有助于学生进一步丰富认识、提升经验，为后续的学习增添更多的后劲。

案例 7 沟通联系，突出思想

—— "鸡兔同笼" 教学案例与思考

"鸡兔同笼" 出自《孙子算经》，该题虽不具有实际意义，却可以成为一类问题的数学模型。同时，题目情节有趣但不简单，解答有挑战但不艰涩，是集趣味性、思考性、人文性为一体的数学素材，成为历史名题实至名归。人教版教材原本将其编排在六年级上册 "数学广角" 当中，主要用列表法、假设法和方程法解决问题，修订后将这部分内容移至四年级下册，删去了方程法，突出了假设思想。

假设作为画图、列表和列式的起点，除了假设全是鸡或全是兔，还可以假设鸡或兔的数量为 0 至头数和之间的任一自然数。显然，假设全是鸡或者全是兔，是从最特殊的情况入手，这是解决数学问题的常用策略。因为最特殊的情况往往容易把握，容易推算。这些不同的假设，其共同的数学实质是在两个已知条件中先满足一个条件，如 "头数和"，再通过调换，来满足另一个条件—— "脚数和"。

课前调研发现，笔者所任教班级中的大多数学生对列表法非常陌生，缺乏用此方法解决问题的经验；多数学生能尝试用画图法解决问题；极个别学生能用算式正确解答出 "鸡兔同笼" 问题，但追问其解题思路却表述得不够清楚，不知算式的内在含义。众多一线教师的教学实践也证明了这一点，不少已学过 "鸡兔同笼" 问题的学生对于假设法仍感到困惑。那么，如何为学生的自主探究活动搭建合适的 "脚手架"？又如何针对学生学习的 "盲点" 和 "瓶颈" 帮助其实现 "真正意义上的理解" 呢？在实际教学中，笔者注重从以下三个方面沟通联系，收到了较好的效果。

（1）沟通正向思维与逆向思维之间的联系。在导入环节，先出示"求鸡、兔的总头数与总脚数"的问题，这相当于"鸡兔同笼"的原型题，学生只需正向思维计算，然后将条件与问题互换，改编成"求鸡、兔各几只"的问题。学生发现"原来'鸡兔同笼'问题是这样编成的"。同时，从正向思维过渡到逆向思维，也为学生克服列表和验算的障碍作了铺垫，有利于后续自主探究活动的展开。

（2）沟通直观画图与抽象列式之间的联系。全班交流不同的方法时，笔者选择了先让学生说说假设法的算式和算理。由于假设法的高度抽象性，学生很难说清楚算理！尤其是"用多出的脚数 ÷2，这里的'2'的含义究竟是什么""假设全是鸡，先求出的为什么是兔""假设全是兔，先求出的为什么是鸡"等问题，是学生的学习难点。在学生说不清或其他学生听不懂时，再呈现"画图"的过程，借助图示来说明每一步算式的道理。这样才能彰显直观对于抽象的辅助作用。

（3）沟通三种方法之间的内在联系。"画图、列表、列式"这几种方法本质上是一致的，都是假设法的不同体现。在画图法中，无论是先画鸡再添加脚，还是先画兔再减少脚，都是直观的假设，而且都是先假设全是一种动物，先满足一个条件，然后通过与实际的脚数比较，逐步调换，满足第二个条件。同样，采用列表法，两种顺序（从鸡或兔为 0 只开始）也是先假设全是鸡或全是兔。可以说，从画图、列表，到假设法列式，每一种方法都是"假设—比较—调换"这样一种循环往复的思维过程，所体现出来的数学智慧是一样的，都是先满足一个条件，然后设法满足第二个条件。因此，笔者在提问、评价、总结中都注重从假设的角度去把各种方法融会贯通，引导学生把看似不相同的方法，化归为一般方法，让学生不仅对解题方法清晰明了，更对假设的思想有了深刻的认识。同时，也让学生感受到通过对比、梳理能让数学知识从"厚"到"薄"，更具系统性。

教学片段一

师：大家都知道，一只鸡有 2 只脚，一只兔有 4 只脚。如果现在笼子里有鸡和兔共 3 只，一共有几只脚呢？

生：如果笼子里有 1 只鸡和 2 只兔，$2 \times 1 + 4 \times 2 = 10$（只），一共有 10 只脚；笼子里还可能有 2 只鸡和 1 只兔，$2 \times 2 + 4 \times 1 = 8$（只），一共有 8 只脚。

师：我们可以把想法用列表记录下来。

出示如下表格：

鸡（只）	1	2
兔（只）	2	1
脚数（只）	10	8

师：感觉怎么样？

生：很有序！很清晰！

师：还可以用画图的方法。

出示：

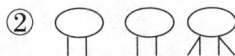

师：画图的方法怎么样？

生：很直观！也很清楚。

【思考】从解决简单问题入手，实则是让学生在解决问题的过程中提炼此类问题的基本数量关系，即"$2 \times$ 鸡的只数 $+ 4 \times$ 兔的只数 $=$ 总脚数"。通过开放式的问题，唤醒学生的学习经验；表格和画图的出现，为学生解决问题的策略打开了思路，为后续自主探究活动作好了铺垫。

教学片段二

出示：有 23 只鸡，12 只兔，一共有多少个头？多少只脚？

（学生口答，集体评议。）

出示：

头数：23+12=35（个）。

脚数：$23 \times 2 + 12 \times 4 = 94$（只）。

师：如果把35个头、94只脚作为已知条件，能不能改编成求鸡、兔各几只的问题呢？

出示：笼子里有一些鸡和兔。从上面数，有35个头，从下面数，有94只脚。鸡和兔各有几只？

师：这就是在我国流传很广的数学名题——"鸡兔同笼"问题（板书）。中国古代的数学文化非常先进，大约1500年前，我国古代数学名著《孙子算经》中就记载了这个问题。

出示：今有雉兔同笼，上有三十五头，下有九十四足，问雉兔各几何？

【思考】通过将问题的条件和问题互换，改编成"古算题"，由正向思维过渡到逆向思维，拉近了古算题与学生的距离，让学生感受到"原来鸡兔同笼问题是这样编成的"。同时，也为学生克服列表和验算的障碍进一步作了铺垫。介绍"鸡兔同笼"问题的悠久历史，给数学课堂带来了浓厚的文化气息，让学生感受到我国数学文化的源远流长，激发了学生的自豪感和学习热情。

教学片段三

师：这道题目中的数据比较大，为了便于研究，数学上常用的方法是"化繁为简"（板书），先研究较小的数，找到解题规律之后，再去研究较大的数。

出示：一个笼子里有鸡和兔共8只，它们的脚一共有26只，鸡和兔各有几只？

［学生独立尝试，自主探究。选取学生的典型解法进行全班交流。（有意先展示列式法）］

生：我的方法是列算式。先假设全是鸡，脚的只数就是$2 \times 8 = 16$

（只）。再用 26−16=10（只），说明少了 10 只脚。再用 10÷2=5（只），这是兔的只数。最后用 8−5=3（只），求出鸡的只数。

师：听了他的讲解，大家有什么疑问吗？可以向他提问。

生：我想问问，"10÷2"中的"2"是什么意思？

生：这个"2"的意思是鸡有 2 只脚，所以要除以 2。

生：我不同意，这个"2"应该是鸡比兔少的 2 只脚。

师：大家同意谁的说法呢？

（同学们意见不一。）

师：画图是很直观的方法，谁能用画图法解释一下这里的"2"究竟是什么意思？

生：（边画边讲）我先画出 8 只鸡，每只鸡有 2 只脚，一共 16 只脚，可是实际上有 26 只脚，少了 10 只，我就把鸡换成兔，换一只兔就添上 2 只脚，10 只脚就需要换 5 只兔。所以，我认为算式里的"2"应该是"把 1 只鸡换成 1 只兔，添上的 2 只脚"。（如下图）

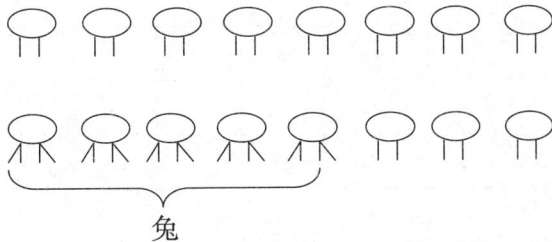

兔

（借助直观的画图，他的讲解赢得了全班同学的赞同！）

师：（追问）你刚才画图时，为什么先画出 8 只鸡呢？

生：我也是假设全是鸡。

师：看来，画图法也是先"假设"！请大家再观察，假设全是鸡，先求出的 5 只是鸡的只数还是兔的只数？

生：兔的只数。

师：为什么假设全是鸡，先求出的是兔的只数呢？

生：假设全是鸡，算出的脚的只数就少了，需要把鸡调换成兔，换成

1 只兔就添上 2 只脚，需要换成 5 只兔才行。所以，先求出的是兔的只数。

师：每一步画图都对应着每一步算式，画图法和算式法尽管方法不同，但是道理是相通的。

【思考】实践证明，画图法能使学生直观地理解推理、调换的过程，理解推算过程中每一步的含义。数形结合，是讲解抽象算理的一条捷径。

教学片段四

生：我是用列表的方法做的。先假设有 7 只鸡、1 只兔，算出有 18 只脚，发现比实际的脚数少，就改成 6 只鸡、2 只兔，发现脚数还是少，就再改，一直到 3 只鸡、5 只兔，脚数就是 26 只了。所以，一共有 3 只鸡、5 只兔。

师：列表也是一种好方法！从 7 只鸡、1 只兔开始尝试，其实也是一种假设。既然是"假设"，我们还可以考虑得更极端一些，从假设 8 只全是鸡开始（见下表）。

鸡（只）	8	7	6	5	4	3	2	1	0
兔（只）	0	1	2	3	4	5	6	7	8
脚（只）	16	18	20	22	24	26	28	30	32

师：仔细观察表格，你还有什么发现？

生：我发现每减少一只鸡，增加一只兔，脚数就增加 2 只；每减少一只兔，增加一只鸡，脚数就减少 2 只。

师：其实，列表的时候还可以跳着尝试，由 8 只鸡开始，发现算出的脚数比 26 少很多，就不用一只一只地进行调换了，可以跳着尝试。

生：我觉得还可以从中间数开始尝试，假设"4 只鸡、4 只兔"，算出脚数是 $4 \times 2 + 4 \times 4 = 24$（只），比 26 只少 2 只，就把 1 只鸡换成兔，3 只鸡、5 只兔，就符合 26 只脚的条件了。（全班同学自发响起了掌声！）

师：真好！刚才我们用几种不同的方法解决了"鸡兔同笼"问题，这些方法之间有相同之处吗？

生：有，它们都是先假设鸡、兔的只数，再拿脚数跟实际脚数进行比较，然后再把鸡换成兔，找到答案。

师：是的！"鸡兔同笼"之所以成为历史名题，解答时需要同时满足"8个头""26只脚"这两个条件。三种方法尽管形式不同，但道理相通，都是先通过"假设"，满足第一个条件，再与正确的脚数"比较"，然后"调换"，设法满足第二个条件。（板书：假设—比较—调换。）

【思考】从假设的角度去融会贯通，引导学生从看似不同的各种方法中找到其共同之处，沟通了各种方法之间的联系，进一步明确了"假设—比较—调换"这一解决问题的基本策略，揭示了"先满足一个条件，然后设法满足第二个条件"的规律。同时，多样中锁定"假设法"这一重点，突出了假设思想，提高了学生的逻辑推理能力，引导学生感悟数学内在的理性美。

教学片段五

师：大家想不想了解中国的古人是用什么方法解决"鸡兔同笼"问题的？古人的方法是"抬脚法"，也就是"金鸡独立，兔子站起"。

课件动态演示：

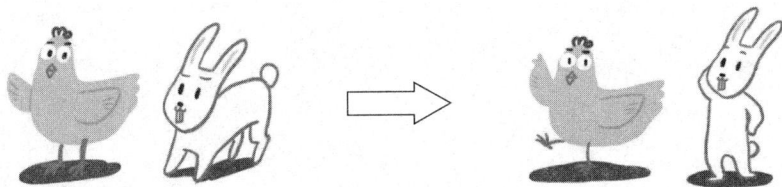

师：着地的脚数：94÷2=47（只）。

1只鸡对应着一只脚，而1只兔却对应着2只脚。每多出一只脚，说明就有一只兔。

兔只数：47-35=12（只）。

鸡只数：35-12=23（只）。

是不是很巧妙？美国数学家波利亚非常欣赏这种方法，在他的著作《数学的发现》中把这个方法详细介绍到了美国。日本还有个"龟鹤算"问题。日本人说的"龟鹤"和我们说的"鸡兔"有联系吗？

生：是一样的意思，龟就相当于兔，都是四只脚；鹤就相当于鸡，都是两只脚。

师：日本的"龟鹤算"问题就是从我国的"鸡兔同笼"问题演变来的。其实，这里的鸡不仅仅是鸡，兔也不仅仅是兔，"鸡兔同笼"只是这类问题的一个统称。生活中有许多类似"鸡兔同笼"的问题，也能用今天学习的方法去解决。

出示：

（1）自行车和三轮车共10辆，总共有26个轮子。自行车和三轮车各有多少辆？

（2）信封里放着5元和2元的钞票，共8张，34元，信封里5元和2元的钞票各有多少张？

【思考】基于"鸡兔""龟鹤"问题的比较，提炼出简单的问题模型，然后将模型演绎到生活现象和问题情境中，促进模型的进一步内化。

案例 8　课内导学，课外研学

——"正方体的展开图"教学案例与思考

在练习或测试中，学生经常会遇到判断一个图形是不是正方体表面的展开图的题目（如下所示）。

判断：下面几幅图中，哪几幅是正方体表面的展开图？

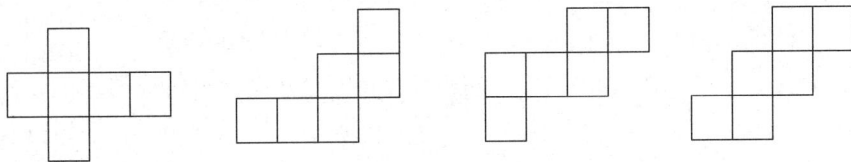

这样的判断题，学生的出错率很高。不得已，学生自发地"发明"了一些办法，如把展开图描在纸上，再剪下来折一折，用实践来验证能不能围成正方体。怎么帮助学生"摆脱困境"呢？笔者萌发了针对"正方体的展开图"专门上一节课的念头，期望通过对"正方体展开图"的研究，不仅让学生发现正方体和长方体的展开图的若干样式，并能进行正确地判断，更能促进学生直观想象素养的培育和发展。

正方体的展开图一共可以分为 4 大类共 11 种形状："一四一型""二二二型""一三二型""三三型"。如果只是把这 11 种图式借助操作或课件演示，让学生看懂并记下来，应对"解题"应该没什么问题。但是，这种将教学目标归于"解题"的教学，学生最终还是靠记忆，与"图形与几何"这一教学内容的核心素养指向——"空间观念的培养"相去甚远，直观想象素养和推理素养的培育得不到很好的落实。况且，这样"死记硬背"知识的教学，学习方式注定是被动接受式的，学生也不会喜欢。

那么，怎样指导学生去研究"正方体的展开图"呢？一节课短短的40分钟时间够用吗？显然，如果给学生提供充分的"悟"的空间与时间，课堂时间是不够用的。于是，根据学生的实际情况，笔者确定了"课内导学——动手操作与推理想象相结合，重点研究一四一型展开图"与"课外研学——以探究性作业的形式呈现，重点研究正方体其他类型的展开图"的教学思路。

方向一旦明确，目标也随之清晰。

教学片段一

先让学生在自己准备的正方体纸盒上标出"上、下、左、右、前、后"，再按照要求沿着画有红线的棱剪开，得到正方体的展开图（如图1）。然后让学生把展开图重新折成正方体，仔细辨别展开图中的各个面分别是正方体中的哪个面。

图1

师：请大家仔细观察这个正方体的展开图，你有什么发现？

生：我发现正方体原来相对的面现在都是隔开的，比如，上面和下面隔着一个后面，左面和右面也隔着一个后面。

师：想一想，相对的面可能连在一起，变成相邻的面吗？

生：不可能。

生：我发现，前、后、上、下四个面排成一行，左面和右面在两边，整个展开图正好是一个轴对称图形。

师：左右两个面有点像你脸上的哪个部位？

生：两只耳朵。

师：想一想，这两只"耳朵"还可以长在哪里？大家想象一下。

生：两只耳朵还可以长在最上边或者最下边（如图2、图3）。

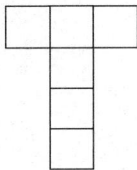

图 2

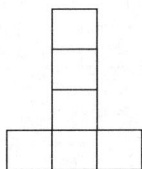

图 3

师：这两个图形其实是同一种，只不过摆放的方向不同。想象一下，这个图形能折成正方体吗？

生：可以，因为连排的四个正方形可以看成前后上下四个面，而两只"耳朵"正好是左面和右面。

师：如果左右两只耳朵长得不对称（如图4），这个图形还能折成正方体吗？

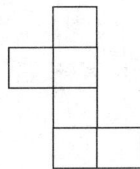

图 4

生：能，连排的四个正方形可以看成前、后、上、下四个面，而两只"耳朵"还是左面和右面。

（师生共同动手操作，进行验证。）

师：像这样，两只"耳朵"不对称的展开图还有哪些情况？请画出示意图。

（学生独立画图，小组讨论交流。）

出示：

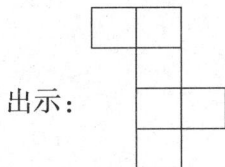

图 5

师：这个是一个新的展开图吗？

（引导学生将图5和图4进行对比，认识到图5是图4旋转而成的，实际上就是同一幅图，不能算一种新的展开图。）

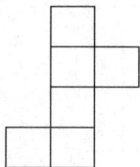

出示:

图 6

师：这幅图是一种新的展开图吗？

（再次引导学生将图 6 与图 4 进行对比，认识到图 6 是图 4 翻转得到的，实际是就是同一副图，也不能算一种新的展开图。）

［最后，学生确认还有以下 3 种形状（如图 7、图 8、图 9）也能折叠成正方体。］

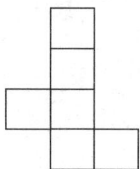

图 7

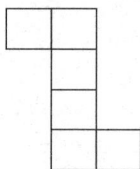

图 8

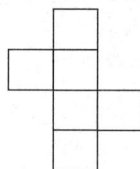

图 9

师：如果图形中有四个连排的正方形，两只"耳朵"在同一边可以吗？（如图 10、图 11）想一想，和同学议一议。

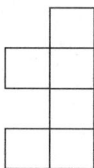

图 10

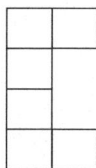

图 11

生：图 10 不能围成正方体，因为四个连排的正方形可以看做前、后、上、下四个面，左边的两个正方形都是左面，重叠在一起了。

生：图 11 也不行，它有两个右面，缺一个左面。所以不能围成正方体。

师：看来中间四个连排的正方形的展开图只有 6 种，你能给这 6 种展开图起个名字吗？

生：它们都是左边一排有 1 个正方形，中间是 4 个，右边也只有 1 个，可以叫作"一四一型"。

（其他同学一致表示赞同。）

师：不知道大家想过没有，为什么"一四一型"展开图，只要中间 4 个正方形不动，左边和右边的正方形不管摆在哪个位置，都能围成正方体呢？

生："一四一型"中间是四个正方形，正好围成一圈，这样两边的 2 个正方形就像 2 个盖子，不管原来连在哪一个正方形上，都能盖上去。

（教师演示操作，学生都直观地看到并理解了"一四一型"展开图都能围成正方体的原理。）

（课上到这里就要结束了，给学生留的课后作业是：正方体的展开图除了刚才发现的"一四一型"的 6 种之外，还会有其他的样式吗？请你认真研究一下，并在作业纸画出每一种样式的示意图。）

【思考】"正方体的展开图"主要依靠想象与推理来寻找答案。想象是在头脑里改造记忆的表象而创造新形象的过程。"想象力比知识更重要，因为知识是有限的，而想象力概括着世界上的一切，推动着进步，并且是知识进化的源泉。"爱因斯坦的这段对想象的高度评价丝毫都不过分。

但是，实事求是地讲，对于五年级的小学生而言，仅凭自己的想象来判断"正方体的展开图"比较困难，亲自动手操作一番再加以确认还是十分必要的，可以是在想象活动之前通过操作、观察，建立一个正方体（或长方体）展开图的初步表象，也可以是学生想象之后进行操作验证活动。而对展开图更为丰富和深刻的理解还是要通过推理与想象来完成，也就是在推理过程中丰富对展开图的理解和认识，探寻展开图的分布规律，获得解决问题的方法与策略。如果过度依赖直观（动手操作），反而会导致学生想象能力的弱化。

教学片段二

（第二天的数学课上，让学生来做"小老师"，借助实物投影仪向全班同学介绍自己的研究成果。）

生：昨天我们研究的展开图都有四个连排的正方形，我就想，如果只有三个连排的正方形呢？于是画出了第一幅展开图（如图12）。

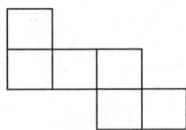

图12

然后我把它剪下来折一折，发现能够围成正方体。我就想：如果是两个连排的正方形呢？于是就画出了第二幅图（如图13）。

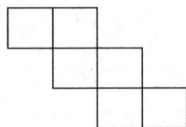

图13

也剪下来折一折验证了一下，发现也是能够围成正方体的。接着，我想，刚才的展开图都是分成了三行，如果分成两行呢？ $6 \div 2 = 3$（个），每行是3个正方形，我就画出了第三幅图（如图14），验证后也是正确的。

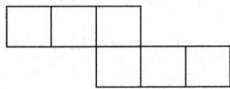

图14

师：你很会思考！又找出了3种展开图，真了不起！其他同学还有补充吗？

生：我也是先找到了中间有3个正方形连排的展开图，然后我固定中间的3个正方形和下面的2个正方形，再把上面的1个正方形向右平移一格，就得到了一个新的展开图，验证后是正确的，再向右平移一格，又得到了一个新的展开图，验证后也是正确的。（如图15、图16、图17）

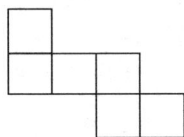

图15

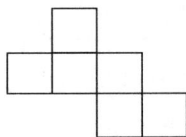

图16

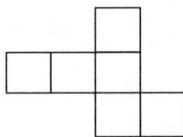

图17

师：他的思考方法很有价值！通过平移上面的正方形，由一个展开图推理出了两种新的展开图，真好！现在我们找到的中间是3个正方形的展开图有3种，能给这三种展开图起个名字吗？

生："一三二型"。

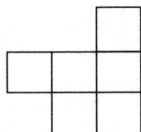

图18

师：如果把图中下面的两个正方形也向左平移一格

（如图 18），想一想，这个图形能折成正方体吗？

（学生的意见不一，教师演示折叠过程，发现图 18 不能围成正方体。）

师：看来，图形中"田"字型的是不能围成正方体的。现在梳理一下我们的研究成果，大家一共找到了几种正方体的展开图？

生：11 种。

师：这么多种展开图，你有什么好办法能记下来，不重复、不遗漏呢？

（学生讨论后，全班交流。）

生："一四一型"一共 6 种，我先记两只"耳朵"对称的有 2 种，不对称的先画出一种，然后把其中一只"耳朵"不断向右平移，就得到了另外几种；"一三二型"也是这样，只要画出一种，再把一只"耳朵"不断平移就找到另外两种了。

师：这种思考很有序，不容易重复，也不容易遗漏。（板书：有序思考）

……

【思考】让学生在课外继续探究，完成"研学作业"，课已停而思未止。课内组织学生交流"研学作业"，让学生讲述自己想象与推理的过程，讲述研究过程中的曲折与发现，创新的火花不时闪现。教师在关键处质疑、追问，澄清学生的模糊乃至错误的认识，引导学生反思经验、总结方法，学生的思维品质和自主学习能力都得到了提升。

4

第四章

创意教学，让学习更有趣

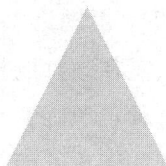

引言　数学阅读，让数学课程更有魅力

　　小学数学课程，总体而言，思维要求比较高，知识结构严谨抽象，因而常常给人一种"高冷"的感觉，加之数学教学依然侧重于知识技能的传授，大量充斥着"训练性学习"，做题几乎成了学生数学学习的唯一。这种"印象"和做法对于发展学生的数学素养、丰富学生对数学的积极情感体验是不利的。因此，在小学教育阶段，通过课程创新，展现数学课程"有趣""好玩"的一面，让学生始终保持对数学世界的好奇心和求知欲，丰富学生对数学学科和数学学习的认识，就显得尤为重要。

　　另外，在教学中经常发现许多学生在解题中发生错误是缘于对题意的理解出现了偏差，只需在教师的指导下重新阅读，学生就会发现错误并改正。为什么会出现这种状况呢？究其原因，这与学生的不良阅读习惯有关，只是一目十行地浏览题目，而非逐字逐句地分析数量关系，出现错误或解题障碍自然是难免的！教学实践也表明，数学语言发展水平低的学生，课堂上对数学语言的敏感性差，思维转换慢，理解问题时经常出现障碍和错误。苏联数学教育家斯托利亚尔指出："数学教学也就是数学语言的教学。"教学生学习数学，必须重视数学阅读能力的培养。

　　基于此，笔者在教学中尝试开发了数学阅读课。所谓"数学阅读课"，是为了追求"数学好玩"，促进数学阅读能力的提升而开发的一种数学新课型。数学阅读课的价值取向是兴趣、过程和体验，立足于培养学生学习数学、研究数学的兴趣；立足于让学生在数学阅读过程中积累数学活动经验，提高数学阅读能力和数学思维品质；立足于促进学生形成良好的数学观和数学意识，具有积极的数学情感体验；立足于拓宽学生的数学视野，感受数学的魅力。

一、数学阅读课的设计原则

1. 数学阅读课追求"数学好玩"

"数学好玩"是数学大师陈省身先生为少年儿童的题词。数学阅读课注重挖掘数学的趣味性和奇妙性，精心选取学生感兴趣的，能启发思考、开阔视野的学习材料，让学生边阅读边思考，在思考中体会"数学好玩"，在阅读中开阔眼界，增长见识。比如，在学习"比的认识"时，笔者设计了以"阿姨为什么喜欢穿高跟鞋"为核心问题的数学阅读课，让学生在阅读、思考、讨论中了解"阿姨穿高跟鞋是为了延长双腿长度，使其与身高的比例趋于黄金比 0.618∶1"。数学阅读使枯燥的数学知识和生活实际联系在一起，学生对知识的理解就更透彻，对数学价值的体会就更深刻。再如，学习"因数与倍数"时，笔者开发了"猜数游戏"的数学阅读课，不仅在游戏中培养了学生的推理能力，更因其"在游戏中学习"令学生着迷不已，"猜数游戏"竟成了孩子们在课间玩耍时乐此不疲的玩乐节目。有了这样的乐趣体验，喜欢数学的情感种子就在学生的内心扎下了根。

2. 数学阅读课要把握好数学阅读的特点

数学阅读课的内容选择、材料设计和教学实施都要把握好数学阅读自身的特点，遵循其内在规律。数学阅读和一般阅读一样，是对文字语言、数学符号、公式、图表等阅读材料感知、理解和记忆的一个完整的心理活动过程。又由于数学语言的抽象性与严谨性，数学阅读又具有自身的特点：其一，数学阅读是一种十分精确的阅读。在数学阅读时，必须了解数学材料中出现的每个数学术语和数学符号的精确含义。如果忽视或略去某一个字词，很可能就谬以千里，比如"增加了 8 米"和"增加到 8 米"、"剪去

$\frac{1}{3}$米"和"剪去$\frac{1}{3}$"等等。因此，数学阅读讲究咬文嚼字地阅读，而不能一目十行、囫囵吞枣地阅读。其二，数学阅读是一种思考性的阅读。数学阅读过程就是理解和领悟数学语言的过程，包括丰富多彩的符号语言、严谨规范的文字语言、内涵深刻的图形语言等。因此，不能只是用眼睛浏览，而应用边读边圈画关键词、绘制符号或图画等方法帮助理解，养成读中去想、想中去读的习惯。其三，数学阅读需要进行"内部言语转化"。在数学阅读时，大脑必须建立起灵活的语言转化机制，即把抽象、难懂的阅读内容转化为易于接受的语言形式，比如把数学术语转化成生活化的语言，把文字语言转化为简洁的符号语言或直观的图形语言，将严谨抽象的数学问题"换种说法"等等。

3. 数学阅读课要"以学习为中心"

数学阅读课的教学效益在于增强对数学语言的理解，在于数学活动经验的积累，以及自己的发现和分享。而这一切，都不应该也不可能仅仅通过讲解、提问和讨论来实现，必须基于自主阅读，基于经历过程，基于思考与交流。因此，数学阅读课的教学实施必须"以学习为中心"。首先，教师要发自内心地把学生作为数学研究者来对待，给学生的阅读、探究、交流留出充足的时间和空间，鼓励学生独立阅读、多遍阅读，不要轻易干预学生的阅读学习过程。其次，要设计好"问题串"，以疑导读。"学启于思，思启于问"。学生在启发性问题的引领下，在阅读、实践、探索、思考、交流中逐步摸索，尝试寻找答案。第三，重视同伴间的数学交流。特别是当学生在研究过程中"一筹莫展"之时，经过教师的引导、同学之间的交流，使问题得到解决，能使学生品尝到独立阅读的快感与解惑之后的成就感，促进学生养成不依赖、不畏难，独立阅读的良好习惯。

二、数学阅读课的内容设置

数学阅读课在内容的选择上应该建立大数学、大教育的理念，目的是埋下"种子"，而不必过于追求即时的收获。笔者在实践中将以下几个方面作为数学阅读课内容选择的重要源泉。

1. 精选适合学生自学的教材内容

在实际教学中，一线教师习惯于把教材中的精髓挖掘出来，又通过自己的理解表达给学生，进而忽视对学生阅读数学教材的能力和习惯的培养，似乎阅读数学教材仅仅是老师的事儿。不知不觉中，那些本应该在阅读过程中形成的阅读能力和思考能力，在教师的越俎代庖中渐行渐远。因此，要重视学生对数学教科书的阅读和理解，充分利用教科书的阅读价值。

比如，"正比例"的教学，笔者使用的北京版教材内容丰富、图文并茂、层次清晰，有利于学生在比较、辨析中理解正比例的意义，比较适合学生自学。

笔者采取"先自学后交流"的方式进行教学，并有意识、有针对性地渗透阅读方法指导，设计自学导语如下：

（1）自学课本时有什么看不懂、想不明白的地方吗？请在书上标注，并写出自己的疑问。

（2）想一想：例2中"路程与时间"的关系和例1中"年龄与体重""月份与气温"的关系相比，有什么相同点和不同点？

（3）在书上圈画出"正比例关系"的含义，你能概括成正比例关系需要符合哪几个条件吗？

在学生充分自学教材的基础上，组织学生交流，教师在学生困惑处释疑，在知识关键处追问，并引导学生学会从教材中寻找答案，学会用自己的话去解释抽象的数学语言。在这个学习过程中，学生不仅对"正比例"概念有了比较通透的理解，数学阅读能力和自学能力也得到了提高。

2. 将教材中编排的"你知道吗"等内容适度改造延伸

随着课程改革的深入推进，数学的文化价值越来越被重视。纵览各个版本的小学数学教材，不仅在知识的编写中有意识地渗透数学文化，还专门开辟了"你知道吗"栏目进行显性体现，具体内容有数学史料、数学背景知识、数学的生活应用、数学家的故事等，以激发学生学习数学的兴趣，开阔学生的视野，引导学生感受数学文化的魅力。但因为篇幅受限，多是"点到为止"。笔者将"你知道吗"内容作为课程资源进行适度改造延伸，以期发挥其更大的教育价值。

比如，教学"因数与倍数"单元时，笔者开发了"哥德巴赫猜想与陈氏定理"的数学阅读课。课始，先让学生在括号里填上合适的质数：8=（　）+（　），10=（　）+（　）。之后，提出问题："像这样的算式你还能写出几个吗？你有什么猜想？"接着，介绍"哥德巴赫猜想"以及我国数学家陈景润研究"哥德巴赫猜想"的成果——"陈氏定理"（简称N=1+2），然后让学生尝试着去举例子验证陈景润的研究成果。在一个个挑战性问题的驱动下，学生经历了"再发现""再创造"的过程，不仅发展了思维，收获了数学活动经验，更是通过阅读和切实体验，对数学家们孜孜不倦的研究精神有了深刻体会，无形中塑造着学生的人生观和价值观。

3. 补充一些有价值、可探究的课外阅读材料

陈省身先生讲："不是什么样的数学都是好的数学。"所以，要真正实现"数学好玩"，一方面，要做好学生调研，了解学生对什么内容感兴趣，阅读课内容的选择和时间的安排都应基于学生调研的结果；另一方面，还要做好数学内容的研究，把握好内容的本质。把这两方面结合起来就是所谓的"玩到点子上"了。

数学阅读课开发以来，笔者挖掘、设计了诸多令学生"乐不思蜀"的课程内容，比如：有趣的222；"数字黑洞"探秘；神奇的"走马灯数"——142857；冰雹猜想；奇妙的数字金字塔——杨辉三角形；阿基米德巧破"皇冠"案；回文数猜想；"鸡兔同笼"问题的奇思妙解；神奇的"完全数"；等等。

三、数学阅读课的教学操作

数学阅读课的教学操作，功在课前，研究组织内容，精心设计"阅读学习单"；隐在课中，突出学生的阅读和探索，突出学习的自主和体验，不轻易干预；导在学后，学生交流时作必要的指导、点拨与提升，并将学习内容向课外延伸，拓展数学学习的时间和空间。

1. 精心设计"阅读学习单"

"阅读学习单"的设计是上好"数学阅读课"的基础，也是决定阅读教学效益高低的关键。"阅读学习单"的设计要蕴含丰富的实践探究性和

驱动力，要有利于学生以内容为载体去进行操作、尝试并产生顿悟。"问题是数学的心脏"。笔者把阅读材料精心设计成"问题串"，让学生在启发性问题的驱动下有目的地去阅读，去思考，去计算，去探索，寻找问题的答案。学生阅读的过程就是在经历"猜想—验证—再猜想—再验证"的问题探究过程，就是在经历"山重水复疑无路，柳暗花明又一村"之后获得深层次愉悦的心理体验过程。

2. 数学阅读课的基本流程

一般地，数学阅读课的教学流程如下：创设情境，激发兴趣；自主阅读，尝试探究；互动对话，交流提升。

（1）创设情境，激发兴趣。学生一旦对学习产生了兴趣，各种感官易处于活跃状态，从而为参与学习提供极佳的心理准备。为此，在数学阅读时，教师必须根据学生的年龄特征和个性特点，创设新颖有趣、富有启发性的情境，诱发和保持学生的阅读兴趣。例如，教学"冰雹猜想"一课时，笔者以"故事"引入：

1976 年的一天，美国著名的《华盛顿邮报》报道了一条数学新闻：目前，美国各所大学的大学生和老师们都像发疯一般，正在废寝忘食地玩一种数学游戏。什么游戏这么吸引人呢？这个游戏规则十分简单：先任意写出一个自然数，如果是单数，就将它乘 3 再加 1；如果是双数，则将它除以 2。

为什么这个游戏这么吸引人呢？因为人们发现，对于任意一个自然数，如果像这样不断计算下去，最后一定会掉入一个"数字黑洞"。你们想亲身试验一下吗？

这个问题情境给学生带来了强烈的探究欲望和丰富的实践探究空间，他们开始认真阅读文本，寻求其中的奥秘。

（2）自主阅读，尝试探究。学生的兴趣被激发起来之后，就要给学生提供广阔而自主的探究空间。教师要真正转变为一个组织者和指导者，放手让学生自主阅读"学习单"。"学习单"上层次递进的"问题串"帮助学生真正进入思维状态，学生边阅读、边思考、边计算、边猜测、边推理，在不断摸索中寻找答案。以"数学阅读：数的积偶性"为例，学生在如下"学习单"的导引下进行阅读。

有人经过观察、思考，对自然数的奇偶性提出了如下猜想：

猜想一：奇数＋奇数＝偶数。

猜想二：偶数＋偶数＝偶数。

猜想三：奇数＋偶数＝奇数。

他的说法对吗？你可以分别举例子验证一下。

验证猜想一：_____

验证猜想二：_____

验证猜想三：_____

接下来的一个问题又将学生的思维引向了深入：

同学们，刚才我们研究的是"和的奇偶性"，那么，"积的奇偶性"又会是怎样呢？你有什么猜想吗？请写下来。

_____

_____

你的猜想对不对呢？请举例验证一下。

_____

_____

如果你暂时没有"猜想"，也没关系！有人提出了下面的猜想，他说的对吗？请你验证一下吧。

猜想一：奇数 × 奇数＝奇数。

举例验证：

猜想二：偶数 × 偶数＝偶数。

举例验证：

猜想三：奇数 × 偶数＝奇数。

举例验证：

然后，再次设疑——

假如有任意多个非 0 整数相乘，其中一个因数是偶数，积一定是（　　）数。（猜想四）

比如：$1 \times 3 \times 11 \times 5 \times 4$，积 =（　　），是（　　）数。

你能再举个例子验证一下你的猜想吗？

想一想：你明白上面猜想四中的道理吗？请写下来。

在上述阅读、研究的过程中，照顾到了学生间的差异，体现了以实践活动和过程经历为主的学习方式。

（3）互动对话，交流提升。面对客观存在的学生差异，数学阅读课的目标设计是高弹性的，而不是要求整齐划一，这样才能满足学生的个性化学习需求。要允许有的学生课内完不成阅读任务，有的学生课内完成后可以下座位去帮助别的孩子，有的学生可以把阅读研究延伸到课外。教学中，要充分利用学生间的差异，重点组织两个层次的学习交流。第一轮是让学习进度较快、率先完成阅读任务的同学充当"小老师"，协助老师指导帮助个别有困难的学生，这样互动学习的过程，是"兵教兵"的过程。第二轮是全班交流学习。师生、生生多边互动的对话与交流，是彼此想法的碰撞、吸纳与提升。教师要担当好"画龙点睛"的重任，并努力把学生的研究向课外延伸。

还以"冰雹猜想"为例，笔者在临近下课之时对学生再次启发诱导：英国剑桥大学教授 John Conway 找到了一个自然数 27。如果按照上述方法进行运算，掉入"数字黑洞"的全部过程一共需要 111 步。有兴趣的同学课后可以去试验一下。另外，还告诉大家一个秘密，截至目前还没有人能够证明"冰雹猜想"。数字 1 是否是吸引所有自然数的黑洞？这个世界级的难题期待着有人解开谜底。亲爱的同学，你有兴趣去研究吗？

课后，果真有不少学生还在继续兴趣盎然地开展研究，他们花费近两个小时，在 A4 纸上写下了整整 111 道数学算式，在研究实践中收获了学习活动本身所带来的快乐体验。

四、数学阅读课的实践收获

数学阅读课是为了让学生更好地学习、理解和感受数学而设计的，经过近一年的教学实践，数学阅读课的成效已初步显现。孩子们在阅读中开阔了数学视野，感受到了数学知识的博大精深和魅力所在，学习数学的兴趣也越来越浓，对数学阅读课更是充满了喜爱与期待："老师，这样的数学课，我好喜欢！""老师，什么时间再上数学阅读课呀？""老师，下学期还会有数学阅读课吗？"……

实践也充分表明，当学生因数学学习而着迷时，一切皆有可能！

案例 1 "神奇的'数字黑洞'"阅读单

黑洞原本是天文学中的概念，表示一种非常奇怪的天体，它体积小，密度大，吸引力强，任何物体到了它那里都别想再"爬"出来，就连光也不能逃脱出来。无独有偶，数字中也有类似的"黑洞"，数学中的黑洞数又称"陷阱数"，指的是某种运算，无论怎样设值，在规定的处理法则下，最终都将得到固定的一个值，再也跳不出去了，就像宇宙中的黑洞可以将任何物质（包括运行速度最快的光）牢牢吸住，不使它们逃脱一样。

同学们，下面我们就来亲身体验一下神奇的"数字黑洞"吧。

活动一："数字黑洞"探秘之"最多七步得 6174"。

取任意 4 个数字（4 个数字不能完全相同），用这 4 个数字组成四位数，找出最大的四位数数和最小的四位数，将它们的差求出来；再将这个"差"中的四个数字重新组成四位数，再找出最大数和最小数，再求出它们的差；然后再重复同样的过程，最后你总是能得到 6174 这个数。

比如选取 1、2、3、4 这 4 个数字，最大数 4321，最小数 1234，求出它们的差：4321–1234 = 3087。

重复：把新数 3087 中的 4 个数字重新组合，最大数是 8730，最小数是 378，求出它们的差为：8730–378=8352。

重复：把 8352 中的 4 个数字重新组合，最大数是 8532，最小数是 2358，再求出它们的差：8532–2358=6174。

怎么样，神奇吧？

结论：对任何只要不是 4 个数字完全相同的四位数，按上述算法，不超过 7 次计算，最终结果都无法逃出黑洞 "6174"。

请你也举出两个例子试一试!

（1）我第一次选的 4 个数字是（　）（　）（　）（　），组成的最大四位数是（　），组成的最小四位数是（　），求出最大数与最小数之差是（　）。

重复：……

（2）我第二次选的 4 个数字是（　）（　）（　）（　），组成的最大四位数是（　），组成的最小四位数是（　），求出最大数与最小数之差是（　）。

重复：……

活动二：除了 "6174" 之外，有人说："495 也是一个'数字黑洞'，最多 4 步就得到 495。" 真的是这样吗？我们去验证一下吧。

（1）我第一次选的三个数字是（　）（　）（　），组成最大三位数是（　），最小三位数是（　），它们的差是（　）。

重复：……

（2）我第二次选的三个数字是（　）（　）（　），组成的最大数是（　），最小数是（　），它们的差是（　）。

重复：……

总结：你觉得这节课 "好玩" 吗？在下面写一写你的感受和想法吧。

案例 2 "阿基米德巧破皇冠案" 阅读单

一、阿基米德简介

阿基米德（公元前 287 年—公元前 212 年），伟大的古希腊哲学家、数学家、物理学家。出生于西西里岛的叙拉古。从小就善于思考，喜欢辩论。早年游历过古埃及，曾在亚历山大城学习。他一生献身科学，忠于祖国，受到人们的尊敬和赞扬。

二、阿基米德的故事

叙拉古国王艾希罗交给金匠一块黄金，让他做一顶王冠。王冠做成后，国王拿在手里觉得有点轻。他怀疑金匠掺了假，可是金匠以脑袋担保说没有，并当面拿秤来称，结果与原来的金块一样重。国王还是有些怀疑，可他又拿不出证据，于是把阿基米德叫来，要他来解决这个难题。

这可是个难题。阿基米德回家冥思苦想了几天，吃不下饭，睡不好觉。一天，他在洗澡的时候发现，当他的身体在浴盆里沉下去的时候，就有一部分水从浴盆边溢出来；而且，他觉得入水愈深，体重就愈轻。"找到了！找到了！称量皇冠的办法找到了！"他跳出浴盆，欣喜地喊起来。

阿基米德立刻进宫，在国王面前将与皇冠一样重的一块金子、一块银子和皇冠，分别放在水盆里，只见白银溢出的水比黄金溢出的几乎要多一倍，而王冠溢出的水比金块多。阿基米德自信地对国王说："皇冠里掺了银子！"国王没弄明白，要阿基米德解释一下。阿基米德说："相同质量的相同物质泡在水里，溢出的水的体积应该相同。如果把纯金打造的王冠放到水里，溢出的水的体积应该与相同质量的金块的体积相同。可是，现在同样重量的王冠和金块泡进水盆里溢出的水不一样多，王冠里肯定掺了假。"国王信服了。在铁的事实面前，金匠不得不低头承认，王冠里确实掺了白银。

阿基米德采用的方法叫作"排水法"。排水法是求不规则物体（如土豆、西瓜、石块等）体积的一种好方法。

三、"排水法"的应用

下面我们就来当一回"阿基米德"，计算一些不规则物体的体积吧。

（1）怎样求一个西瓜的体积？在一个从里面量长60分米、宽40分米、深50分米的水箱里放入一个西瓜，把它完全浸没在水里面，水面上升了4厘米，上升部分的水是一个小长方体，它的体积就是西瓜的体积。算一算，这个西瓜的体积是多少立方分米？

（2）怎样求一堆土豆的体积？一个水池里面的长是5分米，宽和高都是3分米。原来水面离池口1分米，放入一堆土豆后，现在水面离池口4厘米。这堆土豆的体积是多少立方分米？

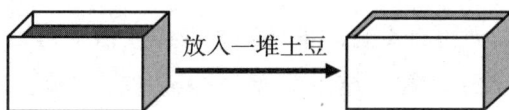

（3）怎样求玻璃球的体积？一个长方体容器的底面积是1平方分米，两个玻璃球浸没其中，此时水面正好到容器口。先后取出这两个玻璃球，水面变化情况如下图。大、小玻璃球的体积分别是多少？

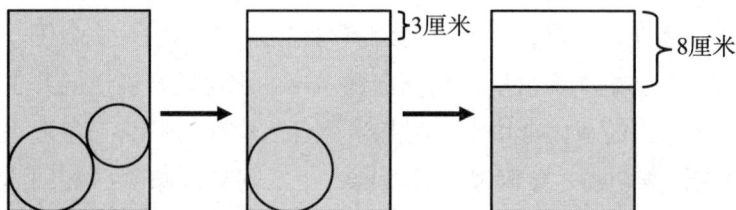

数学实验

引言 让学生在"做"中学数学

传统的数学学习多是通过听讲、练习等主要方式来获取知识，侧重于"训练性学习"，这与小学生爱玩、好动的天性格格不入，这是不少学生不喜欢数学的重要原因之一。而数学实验是近年来广受学生欢迎的学习方式，这种方式融学生观察、操作、思考于一体，是在学生思维深度参与下进行的一种数学探究性、体验性活动。通过数学实验活动，学生会逐步积累运用数学解决问题的经验，提升数学思维品质，体会"数学好玩"。

一、数学实验的功能定位

小学数学教学中的数学实验，是指让小学生借助实物和工具，通过对实验材料进行"数学化"的操作来验证数学结论、建构数学概念、探索数学规律、解决数学问题的一种数学学习方式。从认知神经科学来说，要让学生获得丰富而又深刻的体验，就需要以手为基础的多感官协同，这样的认知方式，是一种"具身认知"，即以生理体验激活心理体验的认知方式。数学实验一般以"问题或任务驱动"为载体，让学生在数学实验中亲历数学的发现与探究，实现了学习方式的变革，即从"训练性学习"走向了"探究性学习""体验性学习"，这有利于学生生成更多的实践感悟，产生积极的学习动力。

1. 数学实验不同于动手操作

动手"做"数学，是数学实验的显著特征。但是，数学实验不仅仅是培养学生的动手能力，更为重要的是让学生经历"做数学实验"的过程，也就是让学生经历发现和提出问题、分析和解决问题的过程，促进学生的实践能力和创新意识的发展。如果说操作是数学实验的外显形式，那么思考就是数学实验的灵魂。数学学习离不开思考，不能让学生在数学实验的过程中沦落为一个"操作工"，只是机械地执行着教师的指令，而应让学生的数学思考与动手操作交织，让学生通过操作、观察、思考、分享、体验达到自我领悟，建构起属于个人的知识。

比如，教学"把一张长方形纸卷成一个尽可能大的圆柱，一种是沿着长方形的长卷成圆柱，另一种是沿着长方形的宽卷成圆柱，哪种卷法体积大"这一问题时，先让学生用课前准备的长方形纸，分别操作两种卷法，再引导学生猜测。同学们意见不一，但都不无道理。接下来，教师提问：怎样验证自己的猜测？学生提出要测量出长方形的长与宽后，通过计算的方法得出答案。最终得出了一致的结论：沿着长卷成的圆柱体积大。然后，教师引导学生进一步思考：是不是所有的长方形纸都是这样的结论呢？这背后的道理何在呢？进而引导学生回顾圆柱体积公式的推导过程，利用"圆柱体积 = 侧面积的一半 × 底面半径"的结论，重新思考"用长方形纸卷圆柱"的问题，豁然开朗：两种卷法，圆柱的侧面积是一样大的，沿着长卷成的圆柱比沿着宽卷成的圆柱底面周长要长，也就是底面半径更长，由此推理出沿着长卷成的圆柱的体积更大。整个过程有操作、有猜测、有验证、有推理，学生在启发性问题的驱动下积极参与、主动思考，充分感受到数学思考的乐趣。

2. 数学实验到底应让学生获得什么

《数学课程标准》（2011 年版）指出："数学教育既要……，更要发挥数学在培养人的理性精神和创新能力方面的不可替代的作用。"可见，促使学生形成初步的理性精神和创新能力是小学数学的重要目标，也是小学数学教学中引入数学实验的核心价值之一。为此，数学实验不应只是让学生获得肤浅的操作经验，不应只是获取数学知识的载体，更应当让学生经历数学家当年研究的历程，重温蕴藏其中的数学背景、数学思想方法，让学生在"做"的过程和"思考"的过程中产生体验、积累经验、深入感悟，获得数学发现的快乐、思维的提升，并逐步形成一定的理性精神与创新意识。

比如，教学"三角形的面积"时，如果直接告诉学生三角形的面积计算公式，或者由老师来演示、讲解三角形面积公式的推导过程，再进行强化练习，学生虽然也能解决此类问题，而且看起来似乎"更有效率"，但是这样的学习价值不大。笔者在教学这一内容时，不仅引导学生用"两个完全相同的三角形拼成一个等底等高的平行四边形"的方法，推导出三角形的面积计算公式，还进一步让学生想办法对一个三角形进行"开刀"，看看能否也推导出三角形的面积公式。一节课的时间，学生通过实验研究，不仅找到了三角形面积常规的推导方法，还创造出了几种"新方法"，真正经历了数学知识"再创造""再发现"的过程。更重要的是，学生经历了多种不同的思维过程，将不同推导方法关联起来，创新的"火花"不断迸发，这远比用一种方法推导出公式要有价值得多。

3. 应给予学生充足的实验时空

数学实验活动能让学生生成更多的实践感悟，有效地发展学生的隐形知识（思维、信念、好奇心等），这正是数学实验活动的价值所在。不能为了追求实验结果和实验效率，置学生的实践体验于不顾，对实验过程过度预设，匆忙推进实验进程，让学生数学实验成为一种"走过场"。

比如，教学"圆锥的体积"时，教师通常都是先呈现等底等高的圆柱与圆锥，让学生猜测两者之间的体积关系。接着，引导学生用倒沙子或倒水的实验去验证刚才的猜想，从而推导出圆锥的体积计算公式。看上去，教师引导学生经历了"猜想—验证"的探究过程，但仔细回味整个过程，这样的"猜想—验证"是不是显得单调、形式化和过于顺利了呢？此处，教师不妨对实验材料进行再加工，给出好几个大小不一的圆柱和圆锥（其中有两个是等底等高的圆锥和圆柱），让学生从中选取合适的实验材料，并追问：为什么要选择等底等高的圆锥和圆柱做实验呢？让学生明确等底等高的圆锥和圆柱关联最大。人们在研究一个新问题时总是先和与之有关联的旧问题进行比较，所以用等底等高的圆柱和圆锥做实验。通过这样的实验，学生能感受到，研究一个新问题需要有理性的精神，需要运用科学的研究方法。

二、数学实验的内容设置

数学实验属于数学拓展性内容范畴，笔者在具体内容的选择上重点关注了以下两个方面：

一是教材中的"综合与实践"内容。"'综合与实践'的实施是以问题为载体、以学生自主参与为主的学习活动。它有别于学习具体知识的探索活动，更有别于课堂上教师的直接讲授。它是教师通过问题引领、学生全程参与、实践过程相对完整的学习活动。"[《数学课程标准》（2011年版）]"综合与实践"是发展兴趣、提升思维能力和积累数学活动经验的重要载体，也是数学实验内容设置的重要来源。把"综合与实践"内容设计成"数学实验任务"，放手让学生参与，鼓励引导学生充分利用数学实验的过程，体验如何发现问题，如何选择适合自己完成的问题，如何把实际问题变成数学问题，如何设计解决问题的方案，如何有效地呈现实践的成果，展现思考过程等，能够促进学生积累经验和深入感悟，有利于"综合与实践"领域课程目标的达成。

二是学生在数学学习中的疑难问题。教材中有不少数学知识抽象难懂，令许多学生产生"畏难"情绪，甚至因之而"害怕数学"。针对这些学习中的疑难问题，通过设计"数学实验任务"，为学生搭建合适的"脚手架"，采用数学实验的学习方式，将学生外在的动手操作和内在的数学思考有机融合，有利于化抽象为具体，化静态为动态，让数学学习变得生动具象，促进学生对数学的理解。

以"认识千米"的教学为例，不能仅仅让学生只是从数值上知道"1000米是1千米"，还要真正建立"1千米"的表象，即弄清"1千米到底有多长"。但是，相对于"米、分米"等长度单位，1千米"太长"，课堂上无法直观表征、观察、体验，原有的学习长度单位的经验与方法并不适用于学习"千米"。同时，由于受知识、年龄等因素的制约，学生缺乏理解"1千米"所必需的生活经验与感性认识。那么，如何帮助学生构建"1千米"的表象呢？笔者认为，在教学中增加直观体验，丰富学生的活动经验是有效的策略。比如可以把学生带到操场，在目之所及的"1千米"距离上走一走、看一看、想一想，在体验中丰富感性认识。接着，引导学生在行走"1千米"的基础上，通过表征、比较、提炼等活动，逐渐上升为抽象的高度，从而达成对"1千米"的科学认识。同时，在"认识千米"中积累的学习"大单位"的经验，也为提高其他"大单位"（如"吨""公顷"等）的学习成效提供了借鉴。

三、数学实验的教学操作

让学生在"玩做学合一"的学习活动中理解知识、感悟思想、积累经验，是数学实验的教学要义。基于此，每个数学实验的实施都要突出"玩做学合一"的过程性学习，并与"四能"相结合。基本步骤大致分为：

1. 提出问题

"提出一个问题往往比解决一个问题更加重要。"（爱因斯坦语）数学实验教学中要舍得花费时间让学生从情境（或现象）中提出各种问题，再经师生充分讨论后确定有价值的问题进行探究、实验。

2. 猜想或假设

"没有大胆的猜想，就没有伟大的发明和发现。"（牛顿语）对于经过讨论确定的研究问题，要先让学生根据已有的知识和经验提出合理的猜想或假设，除了为接下来的实验活动指明方向外，还可以激发学生的创新意识，培养学生创新思维的"灵感"和意向。

3. 设计实验

如果说提出问题和形成猜想是宏观上的思考，那么设计实验就是微观上的操作。对于个人难以完成的实验设计，可以以小组或全班进行"头脑风暴"，集思广益生成设计方案。

4. 进行实验

这是数学实验的重要环节，也最能锻炼学生的动手能力和合作意识。

如果限于时间在课堂上无法完成，教师可鼓励学生在课下继续实验。

5. 分析结论

数学实验完成后，要对实验观测的数据结果或现象进行分析论证，以得出结论，并回应实验猜想或假设。一般情况下，数学实验的结论背后往往隐藏着数学原理，让学生进行分析论证，尝试对实验现象进行解释，能够使学生获得"哦！原来是这样！"的学习体验，这样的体验将会提升他们进一步探究学习的兴趣。

6. 评估交流

评估交流环节不仅是为了成果展示，更为重要的是让学生回顾、反思数学实验的每个步骤和方法，从而将实验中的体会沉淀并转化为数学活动经验与智慧。

当然，上述实验步骤不一定"缺一不可"，需要根据实验内容和学生实际进行适当取舍；也不一定平均用力，可以有所侧重。

案例 **1**　体验"1 亿究竟有多大"

一、实验内容与分析

"1 亿有多大"是人教版数学四年级上册的"综合与实践"内容，意图让学生结合实际事例，进一步强化"亿"的概念，形成"1 亿有多大"的数感。

研究表明，教学"万以内数的认识"，联系生活实际与借助几何直观都是有效的。但是，直观作用具有阶段性。"万以上数的认识"主要依靠已有的数概念与对十进制的初步认识，通过推理形成数概念，并发展相应的数感。"亿"是一个相当大的计数单位，学生在之前学习"多位数的认识"时，虽然知道了 1 亿是 10 个 1 千万，其实对"亿"的认识还是很肤浅的，对"1 亿有多大"缺乏感性体验，只知道 1 亿很大，并没有确切的认知。可见，让学生亲身经历实践活动的过程是非常必要的。

人教版教材以"1 亿张纸有多厚"为研究内容，进行有目的、有步骤的操作，以小想大、以少想多，不仅能感受 1 亿有多大，而且能锻炼推算能力。但是，单单研究这一个内容而得到"1 亿有多大"的体验显得比较单薄。因此，可以课内外相结合，课上基于对教材内容的研究，课外拓展到对其他事例的研究，核心目标均是体会"1 亿有多大"，发展学生的数感。需要注意的是，数感不是靠教师讲解获得的，而是在经历和体验中获得的。应该让学生经历猜想、实验、推理和对照的过程，领悟"由局部推算出整体"的研究方法，充分感受 1 亿的大小，从而发展数感。同时，通过全程参与、亲身体验"提出问题，形成猜想；分析论证，设计实验；进行实验，得出结论；课外延伸，评议交流"的数学实验过程，在发展数感的同时，获得数学实验研究的一般方法，积累数学活动经验。

二、实验过程与思考

1.提出问题，形成猜想

师：想象一下，我们身边熟悉的物品，如果有 1 亿个，会有多高？多重？多长？多大？

出示：1 亿＿＿＿有＿＿？

师：你想提出什么问题？

生：我想知道 1 亿张纸摞起来有多高。

师：猜想一下，1 亿张纸摞起来会有多高呢？

生：可能会像老师那么高吧！

生：可能会有一座房子那么高。

……

生：我想研究 1 亿粒米有多重。

师：1 粒米很轻，那 1 亿粒米会有多重呢？

生：我猜 1 亿粒米有 10 千克重。

生：我认为 1 亿粒米会有 1 吨重。

……

师：还有别的问题想研究吗？

生：我想知道，1 亿块黑板的面积有多大？有咱们学校大吗？

生：我想知道，数 1 亿本练习本要用多长时间？

……

师：同学们提出了这么多具体的问题，真好！要知道对于这些问题的猜想对不对，我们应该怎么办？

生：可以进行实验，去验证一下。

【思考】爱因斯坦说："提出一个问题比解决一个问题更为重要。"提出新的问题需要创造力和想象力，学生自己提出的问题更贴近其思维实际，更能引发其探究。学生提出问题之后,教师帮助学生将抽象的问题具体化,让学生借助身边具体的事物进行想象,并结合自己的生活经验先进行大胆的猜想。这里的猜想,答案可能会各种各样,但思维会得到提升,气氛也会得到调节,既能提高他们的估算意识与能力,又能提高他们进一步实验研究的兴趣。

2. 讨论交流,设计实验

师:课堂上时间有限,我们只能选择一个问题来研究,其他问题大家可以课后去研究。这节课我们研究"1亿张纸有多高"(板书),应该怎样去研究呢?难道真的要找1亿张纸来量一下吗?

生:(笑)不需要。

师:直接测量1亿张纸的高度是一件很困难的事。怎样才能知道"1亿张纸有多高"呢?需要制订一个实验方案。请大家在小组内讨论一下。

(学生小组交流,商讨研究方案,然后集体反馈。)

生:我们组认为可以先测量100张纸有多高,再推算出1亿张纸有多高。

师:还有不同的研究方案吗?

生:我们组认为可以先测量1000张纸的高度,再推算出10000张纸的高度,这样慢慢推算出1亿张纸的高度。

师:对他们两组的方案有疑问吗?

生:你们为什么想到先测量100张或1000张纸的高度呢?

生:因为1张纸太薄了,不好测量,所以先测量100张或1000张纸比较合适。

师:大家觉得他的分析有道理吗?

生:有道理。

师:先测量小数目,再推算大数目,这种思考问题的方法就是"由部分推算出整体,将复杂的问题简单化"(板书)。整百、整千的小数目既便于测量,也便于推算。

【思考】实验方案的设计同样让学生经历独立思考、小组交流、集体汇报的过程,通过这样的论证过程,一方面在交流中完善了研究方案,使方案具有更强的操作性和科学性;另一方面通过不断地交流、反复地论证，使学生的思维变得更加严谨，并提高了思辨能力。

3. 进行实验，分析结论

师：为了方便，研究材料就用我们的数学书，从第 1 页到第 100 页正好 50 张纸，两本这样的书摞起来就是 100 张纸。请大家按照研究方案开始研究，把研究结果记在记录单上。

（小组合作测量、研究，教师巡视指导，然后全班交流。）

生：我们组先测量出 100 张纸大约是 1 厘米，然后进行推算，1000 张纸就是 10 厘米，10000 张纸就是 100 厘米，也就是 1 米，10 万张纸是 10 米，100 万张纸是 100 米，1000 万张纸是 1000 米，1 亿张纸就是 10000 米。

（随学生口述，师板书。）

100 张纸	高 1 厘米
1000 张纸	高 10 厘米
10000 张纸	高 100 厘米 =1 米
10 万张纸	高 10 米
100 万张纸	高 100 米
1000 万张纸	高 1000 米
1 亿张纸	高 10000 米

师：其他组的研究过程和结果跟他们一样吗？

生：一样。

师：好的。10000 张纸是 1 米高，1 万个万是 1 亿（板书），1 亿张纸就有大约 10000 米高。10000 米到底有多高呢？让我们和身边的事物对照一下吧。咱们学校的教学楼有五层，每层按高度 4 米计算，教学楼有多高啊？

生：四五二十，20 米高。

师：请你快速算一算多少栋教学楼摞起来会有 10000 米高？

（学生计算后汇报：10000÷20=500，500 栋教学楼摞起来才能达到 10000 米高！众生惊叹！）

师：大家知道世界最高峰珠穆朗玛峰有多高吗？有 8844.43 米高，还不到 10000 米呢！

（出示图片，把教学楼、珠穆朗玛峰和 1 亿张纸三者放在一起比较，这时的教学楼缩小成了"一只蚂蚁"。学生都开心地笑了起来！没想到平时看起来那么高的教学楼，跟 1 亿张纸比起来，变得如此渺小，这充分说明 1 亿张纸摞起来真的是太高了！学生的感受溢于言表。

【思考】1 亿是一个很大、很抽象的数，怎样帮助学生建立数感呢？教材提供的参照物是世界第一高峰珠穆朗玛峰。虽然学生知道珠穆朗玛峰，但它毕竟离学生的生活比较遥远，并不真正属于学生的生活经验，如果直接把它作为参照物，与 1 亿张纸摞起来的高度作比较，学生的思维可能仅仅停留在图片上，并没有真正感受到 1 亿带来的震撼效果。在上述教学中，笔者先引导学生通过推理形成数概念，并适时抽象出"1 万个万是 1 亿"，为数感的建立提供理性支撑。再联系学生生活中的教学楼，借助多媒体教学手段，将教学楼、珠穆朗玛峰和 1 亿张纸的高度进行比较。这种由低到高的对照，冲击视觉，震撼内心，让学生不得不惊叹"1 亿真的很大"，帮助学生形成对 1 亿的鲜明表象，从而发展了数感。

4. 课外延伸，评议交流

布置课外实验作业：以"假如每人每天浪费一粒米，那么全国每天会浪费（　　）粒米，相当于（　　　　　　）"为研究问题，用一周左右的时间，完成一份实验研究报告。

一周后的数学交流课上，学生带来的研究成果令人惊喜。下面是一位同学的实验研究报告：

假如每人每天浪费一粒米，14 亿人一天浪费多少大米？

$1 \times 1400000000 = 1400000000$（粒）$= 14$ 亿（粒）

14 亿粒米约重多少？

我们利用科学教室的天平，称出 100 粒米约重 2 克。

$1400000000 \div 100 \times 2 = 28000000$（克）$= 28000$ 千克 $= 28$ 吨。

14 亿粒米约重 28 吨。

节约 28 吨米够一家三口吃多少天？

假设一家三口一天吃 500 克米，节约 28 吨米可以吃多少年？

$28000000 \div 500 = 56000$（天）。

$56000 \div 365 \approx 153$（年）。

该生的结论：14 亿人每人每天节约一粒米就可以节约粮食 28 吨，够一家三口吃上 153 年，这下我知道了每天节约一粒米的力量到底有多大了。

……

【思考】通过完成需要动手操作、研究性强、完成周期长的"数学实验类拓展作业"，不仅培养了学生的数学综合素养，促进学生学以致用，还提升了学生的数学学习兴趣，带来了积极的情感体验。评议交流环节不仅是为了成果展示，更为重要的是在沟通中反思自己的实验过程，回顾数学实验的每个步骤和方法，从而将实验中的体会沉淀并转化为数学经验与智慧。

案例 2 越"实验",越困惑

——"可能性的大小"教学实践与思考

一、实验内容与分析

学生学习概率的重要目标是体会随机现象的特点,逐步消除错误的经验,建立正确的概率直觉。为了达到这些目标,就要让学生亲自经历对随机现象的探索过程,引导学生动手实验,收集实验数据,分析实验数据,并将实验结果不断地与自己的最初猜测进行比较,这将促使学生逐渐体会到随机现象的不确定性,以及大量重复实验所呈现的规律性,不断修正自己的错误经验。

对于概率,学生具有一些生活经验,这些经验是学生学习概率的基础。如果按教材上编排的 9 个白球和 1 个黄球的比例放球,学生凭生活经验完全能判断出摸到白球的可能性大。如何引发学生对"理所当然"的结论(即放的数量多,可能性就大;放的数量少,可能性就小)产生困惑,进而更有兴趣去做实验并引发进一步的思考?这是我备课时着重思考并试图突破的方向。

二、实验过程与思考

1. 创设情境,提出问题

师:同学们都逛过商场吧?不知道你注意过没有,一些商场、超市为了吸引顾客,经常举行有奖促销活动。有一家超市的活动方式是这样的:

在一个盒子里放一些球，有黄色和白色两种，凡是一次购物满100元的顾客，就可以摸一次奖。摸到黄球有奖，摸到白球则没有奖。如果你是这家超市的老板，你会怎样往盒子里放球，让顾客来摸奖呢？

（学生纷纷举手。）

生：我会让黄球多一些，白球少一些。

师：为什么呢？

生：因为这样容易摸到黄球，顾客中奖了，会很高兴，就会再来店里买东西。

师：你的意思是放的黄球数量多，摸到黄球的可能性就大，是吗？

生：是。

师：你是一个很大方的老板，很会替顾客考虑，也很会做生意。还有别的放球方法吗？

生：只放一个黄球，其他全放白球。

师：你的意思是放白球多一些，放的黄球少一些。说说你的想法。

生：这样摸到白球的可能性大一些，顾客不容易中奖，就可以多赚一些钱。

师：这是一个很精明的老板。他的意思是说放的黄球少一些，摸到黄球的可能性就——

生：（齐答）小一些。

师：如果放的白球多一些，摸出白球的可能性就——

生：（齐答）大一些。

师：通过刚才大家的交流、讨论，我们有了一个共同的想法：哪种颜色的球放得多，摸到哪种球的可能性就大。（板书：数量多——可能性大；数量少——可能性小。）真的是这样吗？

【思考】由学生熟悉的"促销"情境引出一个极具趣味性的开放性问题，以此唤醒学生关于"可能性"的生活经验。

2. 进行实验，得出结论

生：真的。

师：有没有办法验证？

生：可以亲自动手摸一摸。

师：这个主意好！实践是检验真理的唯一标准。现在，每个小组面前的袋子里都放有4个黄球和2个白球。按照大家的猜想，哪种球摸出的次数多？

生：（齐答）黄球。

师：好，下面我们就做个摸球实验来验证一下我们的猜想。

出示"活动要求"：

（1）组长安排好摸球顺序，全组按顺序摸球。

（2）摸之前先摇一摇，每人每次任意摸出一个球，再把球放回袋子。

（3）每人一共摸三次，然后下一个接着摸，组长在记录单上记录摸得的结果。

（4）观察实验结果是否与自己的猜想一致。

（学生分组摸球实验，师巡视，然后各组汇报，全班交流。）

随着学生分组汇报，教师把各组的摸球结果填在如下表格里：

组别	黄球次数	白球次数
一	8	4
二	6	6
三	11	1
四	8	4
五	5	7
六	10	2
七	9	3
八	10	2
九	8	4
合计		

师：刚才我们猜想的是摸出黄球的次数多。现在来看摸球实验的结果，跟我们的猜想完全一样吗？

生：第二组和第五组的不一样。

师：（故作惊讶状）我们一起来看一下，真的不一样！奇怪呀？你们觉得是什么原因？

（小组讨论。）

生：我觉得摸出白球的次数多也是有可能的，但我讲不好理由。

（学生觉得很困惑。）

师：刚才我们每人摸了3次，全组一共才摸了12次，是不是因为摸的次数少的原因啊？

生：对，有可能。

师：怎么办？

生：可以再多摸几次。

生：还可以看大多数组摸的情况。

师：这些都是好方法。老师也介绍一种，如果我们把全班摸球的次数加起来，就是100多次了，我们就看这100多次中，摸到几次黄球，几次白球，行吗？

生：行。

（师生一起口算出：全班共摸出黄球75次，摸出白球33次。）

师：摸100多次，我们就能明显地看出出现黄球的可能性大。如果再多一些呢？

生：就会更明显了。

师：有兴趣的同学课下可以试一试，看看摸球次数多了以后，结果如何。这里有我们学校的一个实验结果。

出示：为了验证实验结论的准确性，安吉路小学三（3）班的4名学生利用课余时间进行了几千次的实验，结果如下：共摸球6095次，其中黄球4260次，白球1835次。

师：看到这个实验结果，你有什么想说的？

生：看来结论真是对的！哪种颜色的球放得多，摸出的可能性就大；哪种颜色的球放得少，摸出的可能性就小。

师：说得好！而且，摸的次数越多，这个规律就——

生：（齐答）越明显。

生：我觉得应该向这几个同学学习。

师：向他们学习什么？

生：他们做事非常认真，为了验证结论，不怕辛苦，做了那么多次试验，真了不起！

师：说得真好！其实，历史上很多科学家、数学家正是靠着这种锲而不舍的精神，才取得了一个又一个成就。

【思考】为了拓展学生的思维空间，达成更多的教学目标，笔者按4个黄球和2个白球的比例往盒子里放球，希望出现个别小组或个人的统计结果与猜测相悖的情况，以求学生对概率中的"大数定律"（即只有重复试验多次，随机事件发生的频率才近似于它的概率）有所感悟。当教学中出现了这一期望结果以后，组织学生讨论为什么放的白球比黄球少，他们摸出的白球反而更多，从中体验、感悟"只有摸的次数足够多，摸到黄球的次数才一定比白球多"这一渗透性目标，从而促使他们完善自己的经验，更为深刻地理解可能性大小的含义。

3. 再次实验，评估交流

师：下面我们就模拟一下到超市摸奖。现在牛老师就是超市的老板了，因为考虑到摸奖的人特别多，我特意准备了两个盒子［第一个盒子里放6个黄球、1个白球，第二个盒子里放1个黄球、6个白球（学生不知道）］。刚才摸球时组长很辛苦，我们就请各组的组长代表本组上来摸球。（9名组长站成2队，分别到两个盒子里摸球。）

（学生第一次选择是随机的，结果学生惊讶地发现在第一个盒子里大都摸到了黄球，而第二个盒子里只有一个学生摸到了黄球。）

师：（问摸到白球的同学）他们几个中奖了，你们觉得是不是因为他们摸奖的水平特别高？

生：我们的盒子里白球很多，黄球很少。

（教师公布两个盒子里的球的情况。）

师：如果再给你们一次机会，你们会选择在哪个盒子里摸？（所有的学生都站到了第一个盒子面前。）

师：为什么选这个？

生：因为这个盒子里黄球多，摸到黄球的可能性大。

（再次摸球，结果其中几位同学摸到了黄球，有一个学生生摸到的依然是白球。）

师：（故作惊讶状）不是说在这个盒子里摸，摸到黄球的可能性大吗？怎么你摸到的还是白球呢？

生：因为这个盒子里有白球，就有可能摸到白球。

师：可是白球只有一个呀？

生：只有一个也有可能摸到的。

师：如果再给你一次机会，你一定能摸到黄球吗？

生：不一定。

师：大家说呢？他一定能摸到黄球吗？

生：（齐）不一定。

师：为什么？

生：因为盒子里有白球，就有可能摸出白球。

师：活动之后要有思考。通过这个游戏，同学们对可能性又有了哪些新的认识？

生：如果盒子里有两种颜色的球，两种球都有可能摸到。

生：里面即使只有一个白球，也有可能被摸到。

生：盒子里黄球很多，但也不可能全摸出黄球。

【思考】受年龄和认知水平的限制，学生常常根据自己的经验和直觉来判断事情的发生与否，常常以为"不太可能就是不可能、很有可能就是一定"。为了促使学生修正自己的错误经验，建立正确的概率直觉，在学生通过摸球试验体验可能性大小后，我又组织了一次摸球活动，引导学生比较"可能性大"与"一定"、"可能性小"与"不可能"之间的区别。在实践过程中，促使学生产生对"可能性大小"的数学理性认识，深刻地认识到"摸到黄球的可能性大，并不等于说每次都能摸到黄球；摸到白球可能性小，并不等于说不可能摸到白球"，实现"数学实验引领儿童的数学思维，数学思维修正儿童的数学实验"。

创意作业

引言　研究作业，成就专业

作业主要是指学校教师依据一定的教学目的布置给学生并且要利用非教学时间完成的学习任务。如果说教学是学生在教师的帮助下进行学习的过程，那么作业从本质上说是学生（自主）学习内化的过程。

但是，当前作业各方面的状况并不容乐观，学生的作业负担仍然较重。原因当然是多方面的，其中作业设计的质量不高是重要原因，具体表现为：

作业来源：主要依靠现成的教材与教辅材料，基本照搬教材与教辅资料上的各种习题；

作业功能：功能单一，作业主要是巩固课堂知识与技能；

作业类型：基本上以书面作业为主，类型单一，机械重复性作业过多；

作业差异：针对不同层次学生的差异性作业、个性化作业过少；

作业时间：学生做作业的时间过长，批改作业也花费了教师的大量时间；

……

毋庸讳言，教师的作业观念是导致以上问题的主要原因之一，教师对作业的功能定位，会直接影响作业目标、内容、类型、时间等，从而影响作业效果。作业是课堂教学的延伸，事实上，作业除了有助于巩固课堂学习的知识与技能之外，还可以发挥以下一些积极功能：

（1）学习的责任心和坚持性。学生每天放学回家认真完成作业，本身就是对学习责任心和坚持性的培养，让学生从小懂得认真学习是自己的责任，取得好成绩必须依靠自己的努力，同时还要日积月累地长期坚持。一些"长作业"（需要持续一段时间才能完成的作业）的设计，除了培养学生的问题解决能力之外，更重要的是在培养学生的坚持性和责任感。

（2）元认知能力。元认知是对个体自身认知过程的认知，还包括对个体思维和解决问题过程的调控能力。相比较而言，课堂教学过程中学生的认知过程受到教师影响比较多，而学生自主完成作业的过程，尤其是完成一些综合性、问题解决类的作业，更有利于培养学生的元认知能力。

（3）问题解决能力和创新实践能力。作业的时空要比课堂教学时空更宽广，教师布置一些综合类、创新类、实践类、问题解决类的作业，比如整理一个单元的重点内容、制作一份数学小报、完成一份调查报告（实验报告）等，实际上更有助于让学生综合运用所学的知识、所掌握的能力，培养学生的问题解决能力、实践能力与创新意识。

（4）自主管理时间能力。学生每天放学后如何分配各门学科的学习时间，如何分配自己的休息、学习和娱乐时间，都是要从小培养的一种自主管理能力。所以，教师和家长在学生完成作业的过程中要有意识地引导，让学生学会自主管理作业时间，而不是包办代替。

（5）学习兴趣和学习自信。学习自信有助于激发学习兴趣。作业设计过难或者过于繁琐，会导致学生的学习自信心丧失、学习兴趣下降；而作业设计过于简单、千篇一律，则会让学生产生枯燥乏味感。如何通过内容多样、方式灵活、难度适宜的作业，让学生在完成作业过程中体会到努力之后的"成功感"，从而激发学生的学习自信和学习兴趣，非常值得研究。

……

"教者有心，学者得益。"发挥作业的上述积极功能、减轻学生过重的课业负担依赖于教师设计作业的高质量。精细而有效的作业设计，可以最大限度地拓展学生的减负空间，真正将"轻负高质"教育落到实处。

传统的数学作业有固定的练习层次，一般按照由易到难的思维梯度开展。数学作业大多是以"完成"和"正确"为导向，缺少"长思考"与"自我发现"的表达过程。而素养导向下的作业设计，采取多种方式，把知识技能的巩固与应用寓于趣味之中，让生动有趣的作业内容和形式取代重复呆板的机械练习，以激发学生的作业兴趣，使之产生一种内在的需求感，自觉主动地完成作业。部分创意作业甚至没有统一的答案，给学生提供的是充分展示才华的机会，每一次作业都可以看作是一次个性化的创造性活动。

作业设计的创新是为了更好地激发学生主动学习和探索的兴趣，促进学生的实践能力和创新意识的培养，促进学生核心素养的形成与发展。

案例 1　实践性作业

一、知识整理性实践作业

对数学知识的复习整理具有独特的育人价值，但这个复习整理的过程常常不被重视或是被教师替代。何不让学生自己试着整理知识呢？这既能满足学生个性化的学习需求，又能培养学生的自主学习能力。

1. 单元知识整理

一个单元的学习结束之后，布置知识整理作业，让学生自主归纳整理单元知识，让学生基于自身知识经验进行个性化表达。

2. 错题分类整理

在学习过程中，学生经常会遇到各种各样的问题，出现各种各样的错误，这就需要学生经历回顾、梳理、反思、分析、评价的过程。如此，错误就会变成经验，这种经验会为学生的后续学习提供宝贵的学习资源。整理错题就是整理资源。错题整理的一般方法是：先摘录典型错题（包括题目和错误做法），再分析具体的错误原因，然后改正错题。

二、操作性实践作业

操作性实践作业是通过学生的实际操作（如调查、测量、制作等），根据学生在实际操作过程中得到的数据、结论等，进行分析、推理、判断或计算，来解决生活中实际问题的作业。比如，教学"年、月、日"之后，让学生根据课上学到的知识做一个年历；学习"比例尺"后，结合学校校园实际，让学生分小组测量、计算，用合适的比例尺画出学校的平面图；学习"步测目测"后，让学生利用自己的步长来实地估测自己家到学校门口这一段路的长度，再根据自己所用的时间，估算出自己平时走路的速度。

再如，学习了"长方体"，设计如下作业：

请你在生活中寻找一个长方体形状的物体，测量出它的长、宽、高，并计算出它的棱长和、体积和表面积。

又如，学习了"百分数的意义"，设计了如下实践性作业：

请你在"淘宝网"或"京东网"上调查几种商品的原价和现价，再分别提出一个数学问题，并解答。

学生在完成作业的过程中，所学的知识得到了运用，学生的应用意识和实践能力得到了增强。

三、拓展性实践作业

学生在课堂上对所学新知已经有了初步认识，但课堂有限的学习时间不可能给每个学生提供充分的动手实践、深入认识的机会，于是需要拓展作业帮助学生深入感悟、完善认知。

比如，学习了"百分数的意义"，针对节假日不少超市购物返券促销的现象，提出研究小课题："超市购物返券促销是真优惠吗？"要求学生经过一段时间的调查研究完成这一作业，这一段时间可以延续几天乃至几周，这就是"长作业"。学生经过调查不仅发现了"购物返券"的陷阱，还提出了许多合理化的建议，学以致用，增强了应用意识。

又如，教学六年级"确定起跑线"，在让学生理解了"跑道上起跑线"的确定方法之后，笔者把学生带到学校的运动场，引导学生实地测量、计算，并在课外完成一篇"研究报告"。

有意义的数学作业，不能仅有程式化的跟进练习，也需要以问题或任务为引领，让学生基于探究问题进行个性化表达的探究性作业。学生基于自身知识经验、思维方式展开探究，以自己独特的方式进行画图、举例、描述、分析、撰写，进行相应的"调查、探究、质疑、评价"等思维活动，从而培养分析问题、解决问题的能力，促进学生的高阶思维能力的发展。

发展高阶思维的数学探究性作业依循过程性目标寻求探究点，并从以下几个方面实现作业的具体设计。

一、表征型探究作业

让学生结合自身的知识经验，以画图、举例、描述等方式去表征概念，分析并表达自己对概念的理解，将抽象难懂的数学概念（问题）直观可视化，就是表征型探究作业。

1. 基于判断的概念表征

学生是否理解、掌握概念，常常依托判断题进行检验。常见的数学判断题主要要求对事物的空间形状及数量关系有所肯定或否定，其结果通常以"√""×"简单呈现。结果固然重要，但作出判断的思考过程更有意义，基于判断的概念表征型探究作业，主要用于呈现学生的思维过程。

比如，判断"把 5 克糖放入 50 克水中，糖占糖水的 $\frac{1}{10}$"，让学生写出思考过程。

学生分析：因为糖水的质量是 5+50=55（克），求糖占糖水的几分之几，应该用糖的质量除以糖水的质量，$5 \div 55 = \frac{1}{11}$，由此可确定此说法是错误的。

2. 基于解释的概念表征

基于解释的概念表征型作业是为了更好地解释解决问题的方法，或是更加清晰地解释数学概念，让学生用自己的方式分析概念，个性化地表达自己对概念的理解。

比如：如果 a 是自然数，那么下面（　　）式的结果一定是奇数。

A. a–1　　　　　　　B. a+1　　　　　C. 2a　　　　　　D. 2a+1

要求学生解答，并写出思考过程。

有学生用举例的方法：假设 a=5，a–1=4，4 是偶数，排除 A；2a=10，10 是偶数，排除 C；再假设 a=1，a+1=2，2 是偶数，排除 B；2a+1=3，3 是奇数。所以答案是 D。

也有学生用分析的方法：假如 a 是偶数，2a 一定也是偶数，可以排除 C；假如 a 是奇数，和 a 相邻的 a–1 和 a+1 一定都是偶数，可以排除 A 和 B；无论 a 是偶数还是奇数，2a+1 都是奇数。所以，答案是 D。

二、分析型探究作业

分析型探究作业主要是针对一些需要辩明正误的概念、性质或者是有一定难度的数学问题等，引导学生通过举例、画图等方式进行证明判定、分析解决，对问题和结论作清晰、有序的剖析。分析型作业具有自主性、分析性的特点，注重呈现分析的过程，让学生思维"可视化"。

1. 举例分析型作业

顾名思义，这种类型的作业是通过举例子的方式进行分析判断，一个好例子胜过一大堆枯燥难懂的解释。比如，在"因数与倍数"单元的学习中，相似易混的概念比较多，通过设计分析型作业，让学生学会运用排除法去辨别概念、分析问题，显得十分重要。

比如：两个相邻的自然数（非 0）相乘，所得的积一定是（　　）。

A. 奇数　　　　　　B. 偶数　　　　　C. 质数　　　　　D. 合数

请举例说明你的分析过程。

学生通过举例，把自己的分析过程清晰呈现：

假设这两个数是 1 和 2，1×2=2，2 不是奇数，把 A 排除；2 不是合数，把 D 排除。

假设这两个数是 3 和 4，3×4=12，12 是偶数，但不是质数，把 C 排除。所以答案是 B。

2. 画图分析型作业

"数缺形时少直观"，几何直观表达在概念理解上具有不可替代的优越性。

例如，学习"分数的意义"，设计如下作业帮助学生深刻理解分数的意义。

右边的长方形的面积是 $3cm^2$，请你在图中表示出 $\frac{3}{5}$ cm^2，并说明理由。

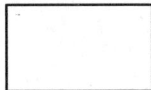

此题有两种表示方式，一种是"$3cm^2$ 的 $\frac{1}{5}$"，也就是把 $3cm^2$ 平均分成 5 份，表示这样的 1 份。

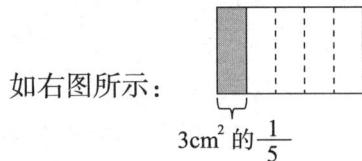

如右图所示：

$3cm^2$ 的 $\frac{1}{5}$

另一种是"$1cm^2$ 的 $\frac{3}{5}$"，也就是先把 $3cm^2$ 平均分成 3 份，再把其中的 $1cm^2$ 平均分成 5 份，表示出这样的 3 份。

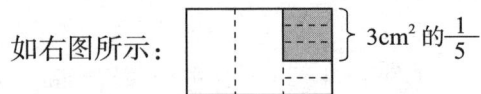

如右图所示：　　　　　　　$3cm^2$ 的 $\frac{1}{5}$

3. 比较分析型作业

比较分析作业是指通过把相似易混的材料放在一起，引导学生比较、分析材料的异同，发现特点，找到正确解题路径。

例如，针对"分数的意义"的理解难点，设计如下比较分析作业：

（1）小王和小亮一同吃完了一盘葡萄，小王吃了$\frac{2}{7}$千克，小亮吃了这盘葡萄的$\frac{2}{7}$，（　　）吃得多。

A. 小王　　B. 小亮　　　　C. 同样多　　　　D. 无法确定

（2）两根同样长的铁丝，第一根用去全长的$\frac{3}{4}$，第二根用去$\frac{3}{4}$米。（　　）铁丝剩下的长。

A. 第一根　　　　　B. 第二根　　　　C. 同样长　　　D. 无法确定

学生通过分析、比较，发现第1题中两人"吃完了一盘葡萄"，知道了"小亮吃了这盘葡萄的$\frac{2}{7}$"，就能准确地算出小王吃了"$1-\frac{1}{7}=\frac{5}{7}$"，$\frac{2}{7}<\frac{5}{7}$所以，小王吃得多。而在第2题中，使用的是"两根铁丝"，由于不知道铁丝的具体长度，所以第一根用去多少，跟第二根没有关系，不能比较出哪一根剩下的长，所以，结果"无法确定"。

4. 规律探究性作业

规律探究性作业就是以规律的研究与发现为载体的探究性作业，让学生在核心问题的引领下表达自主探究与思考的过程。

比如，学习"三角形的内角和"之后，设计了"探究多边形内角和"的研究性作业，立足巩固与拓展，要求学生呈现比较完整的思考、探究过程，以此促进学生高阶思维的发展，并有效反刍课堂。

5. 拓展性探究作业

教学受到每节课40分钟的限制，可以通过探究性作业拓展数学学习的时空。

比如，学习"正方体的展开图"，课堂上引导学生通过操作、想象、推理等数学活动，探究出了正方体"一四一型"的六种展开图。课后，布置如下作业让学生继续探究：

正方体的平面展开图还有哪些呢？你能运用今天课堂上学习的研究方

法进行进一步的研究吗？请把你研究出的正方体展开图分类整理出来。

再如，学习完"分数的大小比较"之后，笔者给学生留了一道拓展性作业：

写出一个比$\frac{1}{5}$大又比$\frac{1}{4}$小的分数。你能想出几种不同的方法？

富有挑战性的作业激发了学生"火热的思考"，创新的火花不断闪现，找到了不同的方法：

（1）直接扩大法。比如两个分数的分子、分母同时扩大2倍，可以找到$\frac{2}{9}$。

（2）通分法。$\frac{1}{5}=\frac{8}{40}$，$\frac{1}{4}=\frac{10}{40}$，可以找到$\frac{9}{40}$。

（3）化成小数法。$\frac{1}{5}=0.2$，$\frac{1}{4}=0.25$，找到$\frac{21}{100}$……比$\frac{1}{5}$大比$\frac{1}{4}$小的分数有无数个。

学生通过这样的作业真正体会到了数学思维的快乐！

案例 3 数学周记

数学周记就是让学生把生活中发现的数学知识、数学问题、应用数学知识解决实际问题的事例、数学课上有趣的事、想对数学老师说的话等以数学周记的形式记录下来，让他们感悟数学知识源自生活、数学学习联系生活、数学知识运用于生活，从而培养学生用数学的眼光观察世界的意识，促进儿童数学素养的形成与发展。

那么，数学周记写什么呢？可以指导学生从以下几方面来写。

（1）写体会、想法。回顾或反思数学课上学习的知识，在数学课上或者做数学作业时的想法、体会、启发等，都可以写出来。

（2）写新发现。学生在课堂学习或生活中运用数学的过程中，发现的新问题、产生的新想法都可以写在周记里。

（3）写生活中遇到的数学问题。在生活中处处都可能遇到与数学有关的问题，可以写下来与大家交流。

（4）写疑难问题。学生在学习数学、做数学题时遇到疑难问题不能解决时，可以把这些疑惑不解的问题写在周记里，请求老师帮助解决。

解决了写什么的问题，再指导学生怎么写：

（1）真情实感。学生在数学学习中，会有心得体会、疑难问题、意见建议。言为心声，有感而发，凡是与数学有关的内容都可以写。

（2）讲求实效。为了不加重学生的学习负担，每周只写一篇即可，而且篇幅不一定要多长，只要把想对老师说的内容写清楚，能使老师看明白即可。

下面分享两篇学生作品：

比较分数大小的方法
五（5）班　刘音粲

这几天，老师教我们"比较分数的大小"。同学们想到了多种方法，我总结了一下，有这样几种方法：

（1）分母相同，分子越大，分数越大。例如，$\frac{1}{3}$ 和 $\frac{2}{3}$，分子 $1 < 2$，$\frac{1}{3} < \frac{2}{3}$。

（2）分子相同，分母越小（0 除外），分数越大。例如，$\frac{1}{2}$ 和 $\frac{1}{3}$，分母 $2 < 3$，$\frac{1}{2} > \frac{1}{3}$。

（3）分数的分子若比分母小 1，可将 1 减去这个分数的差作比较，差越小，这个分数就越大。例如，$\frac{2}{3}$ 和 $\frac{1}{2}$，$1 - \frac{2}{3} = \frac{1}{3}$，$1 - \frac{1}{2} = \frac{1}{2}$，$\frac{1}{3} < \frac{1}{2}$，所以，$\frac{2}{3} > \frac{1}{2}$。

（4）跟一半比较，比一半大的分数大于比一半小的分数。例如，$\frac{2}{3}$ 和 $\frac{4}{9}$，3 的一半是 1.5，$\frac{2}{3}$ 比 $\frac{1.5}{3}$ 大；9 的一半是 4.5，$\frac{4}{9}$ 比 $\frac{4.5}{9}$ 小，所以 $\frac{2}{3} > \frac{4}{9}$。

（5）通分法。先变成分母相同的分数，再转化成方法 1，也可以变成分子相同，转化成方法 2。

（6）交叉相乘法。例如，$\frac{3}{7}$ 和 $\frac{5}{8}$，因为 $3 \times 8 = 24$，$7 \times 5 = 35$，$24 < 35$，所以 $\frac{3}{7} < \frac{5}{8}$。

此外，我还知道了为什么"交叉相乘"就可以比较。例如，上面的 $\frac{3}{7}$ 和 $\frac{5}{8}$，因为交叉相乘时两个分数的分子都乘了另一个分数的分母，看上去只是分子变了，分母没有什么变化，可实际上两个分母已经都变成 $7 \times 8 = 56$ 了。因为想要 $\frac{3}{7}$ 分子乘 8 而分数大小不变，分母也要乘 8，变成 $\frac{24}{56}$；同样，$\frac{5}{8}$ 分子乘 7，分母 8 也要乘 7，变成 $\frac{35}{56}$，分数大小才不变。这个过程，其实就是我们学过的通分，只是省略了分母（因为同分母），直接比较了分子的大小罢了。

不过，分数的分子若比分母小 1，也可以将分母和分子相加，和越大，这个分数就越大。这又是为什么呢？我还不懂，下面，我还要继续研究。

这是一篇反思型或总结性数学周记，在这种类型的数学周记中，学生主要是回顾数学课上刚刚学过的新知识，总结自己的收获，分析学习中存在的问题，可以说是一种放电影式的复习，是以语言加思维的形式对课堂学习内容的重现。回顾的过程是巩固的过程，也是思考的过程。

合理安排时间

四（2）班　常立志

老师经常教育我们要珍惜时间。我知道只有合理安排好时间，才能真正做时间的主人。

到了双休日，我特别留心自己做每件事情所用的时间。比如，周日早晨起床穿衣用了 5 分钟，刷牙、洗脸、吃早饭一共用了 25 分钟，听英语 30 分钟。我算了算，做这些事情一共用去 5+25+30=60 分钟，也就是 1 小时。这样安排时间合理吗？有没有更节省时间的安排呢？

我仔细想了想，终于想到了数学上的"优化思想"，找到了一种最省时间的安排。那就是我一边穿衣、刷牙、洗脸、吃早饭，一边听英语，这样只要 30 分钟就能完成所有这些事情了，不就可以省出时间来了吗？

看来，珍惜时间也要多弄脑筋，学会合理安排时间。

这是一篇"生活型"的数学周记。这种类型的周记，主要是记录生活中的数学，把课堂上学到的数学知识运用到生活中去，引导学生学会"用数学的眼光观察现实世界，用数学的思维思考现实世界，用数学的语言表达现实世界"，促进学生数学素养的提升。

后 记
POSTSCRIPT

品味成长
——我专业成长中的几个关键词

曾经多次被问及个人专业成长的问题："牛老师，您是如何成长为特级教师的？""您对青年教师的专业成长有哪些建议？"……这引发了我对教师专业发展的持续思考。回顾自己近三十年职业生涯演进的曲折历程，我的专业成长主要得益于以下几个关键词：

一、信念

我常常想，人对生命是要常怀敬畏之心的。教育工作面对的都是活生生的、天真烂漫的儿童，教师应当敬畏这些生命。况且这些生命连着的是希望，从大点儿说是国家、民族的希望，从小点说是每一个家庭的希望。作为教师，潜心治学、尽心施教、点化生命，不就是孟子所说的"人生一大乐事"吗？

那么，谁应该对教师的专业发展负责呢？在这个问题上，许多教师习惯于把学校作为自己专业发展的主体，等着学校向自己提要求、下任务，等着学校给自己提供进修、学习的机会……其实，教师专业发展的真正主体应该是教师自己，每个人都要树立为自身的专业发展负责的信念。我始终认为，教师专业成长是教师幸福生活的必由之路，在专业上栽培自己就是追求自己幸福生活的一种行动。有了这样的态度，学习和成长就不再是外在的强制和被动的等待。

不为稻粱谋，才有了审美的意味。"知之者不如好之者"，当我们有兴趣、有信念去做一件事情时，会全情投入、乐此不疲。此时，废寝忘食却甘之如饴。

很多时候，成长是自己给自己找的麻烦！信念的坚定与否，决定了我们在教育之路上能走多远，能取得多大的成就。"一个朝着自己目标努力前进的人，整个世界都给他让路！"（爱默生语）

二、规划

曾经有人用两组同音字描述教师的工作和心境："忙—盲—茫""繁—烦—凡"。意思是说，工作繁琐、忙碌，使得老师心烦意乱、盲目工作，最终导致茫然失措、流于平凡。确实，做教师最怕的就是一直重复，看不到变化。没有变化，就意味着没有希望，对自己的未来没有控制感。教师的生涯规划实际上是让自己活在希望当中。有的人一直在为他的未来规划，在生涯规划中更新他的生活，他一直处于"进修状态"；有的人没有规划，甚至"做一天和尚撞一天钟"，他始终在"原地踏步"。

凡事预则立，不预则废。规划就是行动纲领，也是一种自我期许，一种自我承诺。一开始就在头脑中想好结果和目标，这意味着你对自己的目的地有清晰的了解，这意味着你知道要去哪里，从而能够更好地知道你现在的位置以及如何才能保证你一直朝着正确的方向前进。每个阶段"小目标"的实现，可以给前行增加自信与力量，让自己永远踌躇满志地走下去。

"一步实际行动比一打纲领更重要。"（马克思语）有了规划，就要"不待扬鞭自奋蹄"，克服困难，持之以恒地将落实进行到底，不断刷新自我。

三、反思

美国著名教育心理学家波斯纳曾经给教师的专业成长总结了一个简洁的公式：经验＋反思＝教师成长。这就告诉我们，教师在工作中的成功经验或者失败教训，对教师来说都是财富，关键在于是否作认真的总结与反思。"善于分析自己劳动的教师，才能成为一名优秀的有经验的教师。"（苏霍姆林斯基语）

反思是对教育教学行为的追问、质疑、批判、提炼与升华，是教师的基本功。"教然后知困"，反思可以使教师经常发现自己教学中的不足，常思常进，愈思弥新。需要指出的是，相对于单纯的"教学反思"而言，我们应当更加重视"教学实践的理论性反思"（郑毓信语），也就是用具体的、典型性的例子引出一些普遍性的道理（"小中见大"），从而不仅可以对相关现象进行更深入的理解，也能为新的教学活动提供直接的启示。

一个优秀的教师，一定是一个拥有反思习惯和较强反思力的教师，在行动与研究中不断提高自己的反思水平。做一个"研究型教师"，以研究的精神从事教育教学工作，是每一个教师应该不断为之努力的方向。

四、阅读

"一个人的精神发育史，从本质上说就是一个人的阅读史。"（朱永新语）对教师而言，书籍是专业成长的"能源"。书籍是教师须臾不能离弃的职业伴侣，阅读是教师须臾不能懈怠的人生功课。

阅读宜"博观而约取"，所谓"取法乎上，得乎其中"，要经常关注教育教学研究的"制高点"，关注教育"领军人物"的经验与思考。阅读一些相关的研究成果，研读相关著作文章，要力求甚解地读，向"高人"求智慧，才能"登高而望远"。同时，在阅读这些成果时，要注意结合自己的工作实际进行有针对性的思考，将自身已有的经验与研究成果相联系，做好实践的理论性反思。

也许，读书未必能让我们在教育上走向出色和成就卓越，但不读书就注定与出色和卓越无缘。如果没有书香的浸润，没有课堂的历练，没有实践的沉淀，没有深刻的反思，一个教师能有多少为人师者的资本呢？只有那些真正保持了"阅读""学习"习惯的人，才有可能真正进入"反思"或"研究"的状态。也只有那些真正提升了自己的教育反思力的教师，才有可能成为有专业智慧和人格魅力的优秀教师。

五、坚持

教师的专业发展是无止境的，是贯穿教师职业生涯的动态过程，而非静态的物化结果，必须奉行长期主义。一个人如果有了自己长期的确定性，就能对抗外界的不确定性。有了长期并且坚持的目标，就能在时间累计中不断获得复利，最终能让人收获奇迹。

专业发展带给教师更多的是精神的满足，是见到学生健康成长之后的"自得其乐"，是与学生共同经历一段愉悦的生命历程后的幸福感和成就感，至于成果、荣誉、职称等等，则是专业发展带来的"副产品"，是与教书育人、成就学生相伴而生的。

况且，这些专业发展带来的"副产品"无一例外地都会成为"过去时"，而教师的专业发展却始终是"进行时"。哪怕已经成长为特级教师，依然可以在特级教师的层面上继续发展，发挥更大的学术影响力。

我们的"老本儿"在不断折旧，必须通过持续学习以实现自我保值和升值。"不进则退"是一条"铁律"，没了危机感，少了进取心，今天的"名师"不一定还能挺立在明天的"潮头"。做善于思考的"明师"，不在习惯中行走，应成为每一位教师的追求！

坚持，前行！坚持，前行！再坚持，再前行！

坚持，是因为我们怀揣教育梦想；坚持，是因为我们期待专业成长。

正是基于以上随想会意，笔者结合自己近年来在小学数学课堂上"摸爬滚打"的经历和学习体会，细述个人"把每堂课都当作献给学生的礼物"的教学实践与研究的心得，敝帚自珍，希冀能够折射出课程改革大潮中的一朵激越的浪花，留下一点记忆，以供同仁借鉴。

本书中汇集的教学案例，都是笔者在学习、吸收众多优秀教师经验的基础上，历经多次课堂"磨砺"而成的。对他们，我怀有深深的敬意和感谢！

虽尽心竭力，但囿于水平所限，肯定还有不少偏颇、疏漏之处，诚望方家指正。

纪伯伦说：在工作的时候，你是一管笛，从你心中吹出时光的微语，变成音乐。在工作中爱了生命，就是通彻了生命最深的秘密。（《先知·论工作》）

对此，我深以为然。

牛献礼

2019 年 1 月

图书在版编目（CIP）数据

我在小学教数学：素养导向的数学教学艺术 / 牛献礼著 . —上海：
华东师范大学出版社，2019

ISBN 978－7－5675－9128－8

Ⅰ.①我 ... Ⅱ.①牛 ... Ⅲ.①小学数学课—教学研究　Ⅳ.① G623.502

中国版本图书馆 CIP 数据核字（2019）第 085299 号

大夏书系·数学教学培训用书

我在小学教数学
——素养导向的数学教学艺术

著　　者	牛献礼
责任编辑	卢风保
封面设计	奇文云海·设计顾问

出版发行　华东师范大学出版社
社　　址　上海市中山北路 3663 号　邮编　200062
网　　址　www.ecnupress.com.cn
电　　话　021－60821666　行政传真　021－62572105
客服电话　021－62865537
邮购电话　021－62869887　地址　上海市中山北路 3663 号华东师范大学校内先锋路口
网　　店　http：//hdsdcbs.tmall.com

印　刷　者　北京密兴印刷有限公司
开　　本　700×1000　16 开
插　　页　1
印　　张　15.5
字　　数　230 千字
版　　次　2019 年 8 月第一版
印　　次　2024 年 11 月第十次
印　　数　26 101－27 100
书　　号　ISBN 978－7－5675－9128－8
定　　价　45.00 元

出版人　王　焰